Mackenzie M.

Club des filles MC

LE LIVRE DES secrets

Texte original de Gemma Reece
Illustrations de Katy Jackson
Sous la direction de Hannah Cohen
Design par Zoe Quayle

Club des filles[MC]

LE LIVRE DES secrets

Presses Aventure, une division de
Les Publications Modus Vivendi Inc.
55, rue Jean-Talon Ouest, 2e étage
Montréal (Québec) H2R 2W8
Canada

Publié pour la première fois en 2009 en Grande-Bretagne par Buster Books, une division de Michael O'Mara Books Limited, sous le titre : *The Girls' Book of Secrets*

Traduit de l'anglais par Hélène Pilotto

Dépôt légal : Bibliothèque et Archives nationales du Québec, 2010
Dépôt légal : Bibliothèque et Archives Canada, 2010

ISBN 978-2-89660-079-3

Nous reconnaissons l'aide financière du gouvernement du Canada par l'entremise du Programme d'aide au développement de l'industrie de l'édition (PADIÉ) pour nos activités d'édition.

Gouvernement du Québec – Programme de crédit d'impôt pour l'édition de livres – Gestion SODEC

Imprimé au Canada

AVIS AUX LECTRICES

L'éditeur et l'auteure déclinent toute responsabilité quant aux accidents ou aux blessures pouvant survenir lors d'une activité proposée par ce livre. Sois particulièrement prudente quand tu manipules les ciseaux, les aiguilles, les appareils de la cuisine et les liquides chauds. Demande toujours la permission à un adulte avant d'utiliser un outil ou un ustensile. Prête attention aux ingrédients demandés ainsi qu'à tes allergies et à ton état de santé.

Respecte les consignes de sécurité et les conseils venant d'adultes responsables. Porte toujours l'équipement de sécurité approprié, n'enfreins aucune loi ni aucune règle en vigueur dans ta municipalité et respecte les autres. Enfin, le plus important, fais preuve de bon sens en tout temps, surtout quand l'activité nécessite de la chaleur ou des objets coupants.

TABLE DES MATIÈRES

COMMENT GARDER UN SECRET

C'est très important d'être capable de garder un secret. Plus tu seras bonne pour garder des secrets, plus tes amies te feront confiance et plus elles s'ouvriront à toi. Si tu passes ton temps à bavarder au sujet de ce que tes amies te racontent, tu t'apercevras peut-être qu'elles ne voudront plus te confier quoi que ce soit. Pour devenir la meilleure gardienne de secrets qui soit, suis ces conseils.

POURQUOI EST-CE UN SECRET ?

Essaie de comprendre l'importance du secret que tu gardes et demande-toi pourquoi il doit demeurer un secret. Imagine comment se sentirait la personne qui te l'a confié si toute l'école connaissait son secret. Mets-toi à sa place et imagine comment tu te sentirais si tout le monde connaissait tes secrets.

LE RISQUE DU JOURNAL INTIME

Écrire tes secrets peut t'aider à calmer l'envie pressante de les révéler à voix haute. Toutefois, si tu écris tes secrets dans ton journal intime, assure-toi ensuite de le cacher dans un lieu vraiment sûr, loin des curieux (consulte la page 33 pour des idées de cachettes ultrasecrètes pour un journal intime).

« JE SAIS QUELQUE CHOSE QUE TU NE SAIS PAS ! »

Ne dis jamais « je sais quelque chose, mais je ne peux pas en parler » ! Tes amies vont essayer par tous les moyens de te tirer les vers du nez. Si tu tombes dans ce piège, change tout simplement de sujet et tes amies vont probablement se lasser d'essayer de deviner.

UN MOT DE TROP

Te souviens-tu avoir déjà laissé échapper un secret et t'être sentie terriblement mal aussitôt après ? Une fois que tu as parlé, tu ne peux plus revenir en arrière et le mal est fait. La prochaine fois que tu auras une envie pressante de révéler ton secret à quelqu'un, rappelle-toi ce sentiment qui t'a déjà noué l'estomac et tu verras que ta bouche restera fermée comme par magie!

GARE À L'ENNEMI !

Un vieux dicton anglais dit: *Un secret éventé, c'est un bateau coulé.* Ce dicton apparu en temps de guerre rappelait aux gens qu'il est risqué de répéter des renseignements secrets, car ceux-ci peuvent ensuite être utilisés contre eux par l'ennemi lors d'un combat. La prochaine fois que tu seras tentée de révéler un secret, répète ce dicton trois fois dans ta tête. Cela t'évitera de regretter d'avoir trop parlé.

NE LE DIS À PERSONNE !

Garder un secret signifie « ne le répéter à personne ». Ni ta mère, ni ta sœur, ni même ta meilleure amie ne doivent être au courant. Si un secret devient trop lourd pour toi, tu peux toujours essayer de le confier à ton chat ou à ton chien... mais fais-le en chuchotant!

COMMENT FABRIQUER UN JOURNAL INTIME QUI A DU STYLE

Un journal intime devrait être un bel objet que tu chéris et à l'intérieur duquel tu prends plaisir à écrire. Suis les instructions ci-dessous pour t'en fabriquer un vraiment unique dans lequel tu pourras raconter tous tes secrets.

Il te faut :

• un carnet à reliure spirale • de la colle blanche • du carton • un morceau de bourre ou de mousse • du papier journal • un morceau de tissu de ta couleur préférée (assure-toi qu'il est opaque) • deux rubans (chacun d'environ 50 cm de long) • une règle • des ciseaux • un assortiment de paillettes, de perles, de boutons et d'étoiles argentées et dorées.

1. Avec la règle, mesure la hauteur et la largeur de la couverture de ton carnet. Découpe deux morceaux de carton de ces dimensions.

2. Recouvre de colle l'un de ces cartons et colle-le sur le morceau de bourre ou de mousse. Avec les ciseaux, enlève l'excédent de bourre ou de mousse en te guidant sur le bord du carton.

Fais exactement la même chose avec le deuxième carton.

3. Découpe deux morceaux de tissu : chaque morceau de tissu devrait dépasser le carton d'environ 5 cm sur tout le pourtour.

4. Recouvre ta surface de travail de papier journal pour éviter d'y répandre de la colle. Enduis ensuite de colle l'envers d'un morceau de tissu. Dépose le côté rembourré de l'un des cartons au centre du morceau de tissu. Appuie fermement pour le faire adhérer au tissu.

Fais de même avec les autres morceaux de tissu et de carton.

5. Coupe en diagonale les quatre coins de chaque morceau de tissu, comme sur l'illustration. Rabats chaque bande de tissu sur le carton et fais-la tenir en place à l'aide de la colle.

6. Recouvre la couverture de ton carnet de colle. Déposes-y un ruban en travers, de manière à le faire dépasser du bord du carnet. Le ruban doit être assez long pour que tu puisses nouer ton journal intime correctement.

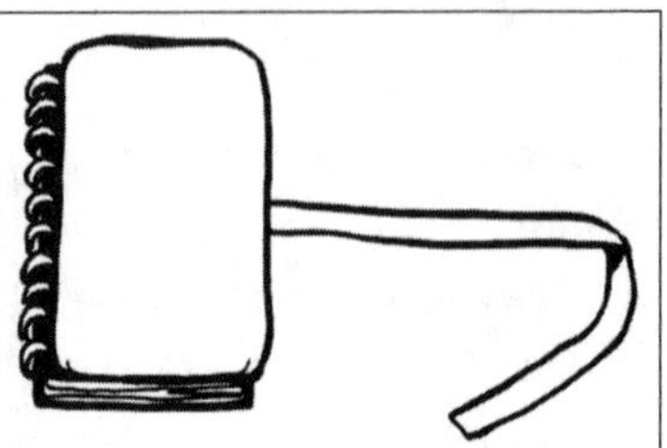

7. Pose un des morceaux de carton recouverts de tissu sur la couverture de ton carnet qui a préalablement été enduite de colle. Appuie fermement.

Fais la même chose avec la couverture arrière de ton carnet. N'oublie pas d'ajouter l'autre ruban avant de recouvrir la couverture arrière avec le dernier morceau de carton.

8. Laisse ton journal intime sécher toute la nuit.

9. Lorsque la colle est complètement sèche, crée un motif sur les couvertures avant et arrière de ton journal en disposant les étoiles dorées et argentées, les paillettes et les perles. Quand le motif est à ton goût, fixe chaque élément avec une goutte de colle.

10. Noue les deux rubans en faisant une jolie boucle pour bien fermer ton journal. Enfin, couds six boutons à la verticale sur le bord de ton journal. Non seulement les boutons lui donneront fière allure, mais ils te permettront aussi d'inventer un code qui t'assurera que personne ne viendra fouiller dedans (consulte la page suivante pour apprendre à créer ton propre système de fermeture à code de couleur).

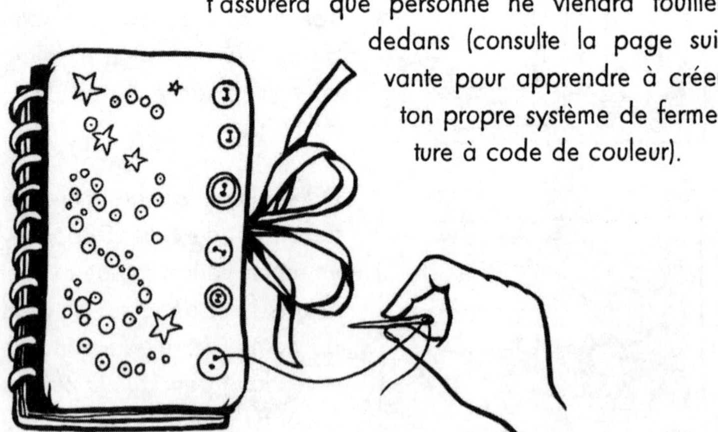

UN SYSTÈME DE FERMETURE À CODE DE COULEUR

Fixer un cadenas à ton journal intime va empêcher les gens de le lire..., mais que se passera-t-il si quelqu'un tombe sur la clé ? Une personne munie de cette clé pourrait lire tous tes secrets sans même que tu t'en aperçoives.

Un moyen efficace de protéger ton intimité consiste à te créer un code de couleur. Voici comment.

1. Trouve cinq grands élastiques (des élastiques à cheveux font aussi l'affaire). Il t'en faut deux d'une couleur, deux d'une autre couleur et un d'une troisième couleur.

2. Passe délicatement les élastiques autour de ton journal intime. Place chacun d'eux entre les boutons cousus sur le bord de ton carnet. Dispose-les dans un ordre particulier que tu es la seule à connaître. Par exemple :

- deux élastiques verts en haut
- un élastique jaune au milieu
- deux élastiques bleus en bas

La prochaine fois que tu prendras ton journal intime, vérifie si les élastiques ont changé d'ordre. Si oui, tu sauras tout de suite que quelqu'un a fouillé dedans.

COMMENT INVENTER UNE POIGNÉE DE MAIN SECRÈTE

Une façon amusante de saluer une amie quand tu la rencontres, c'est d'échanger avec elle une poignée de main secrète que seulement vous deux connaissez. En voici quelques-unes que vous pouvez essayer. Quand vous les maîtriserez, amusez-vous à inventer votre propre poignée de main ultrasecrète.

MEILLEURES AMIES

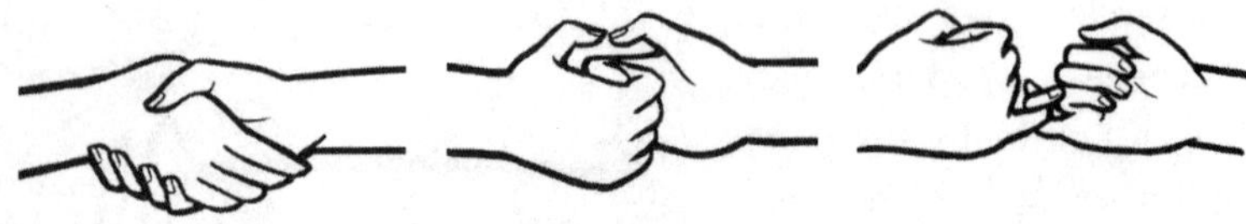

AGRIPPE ET GLISSE

QUOI DE NEUF ?

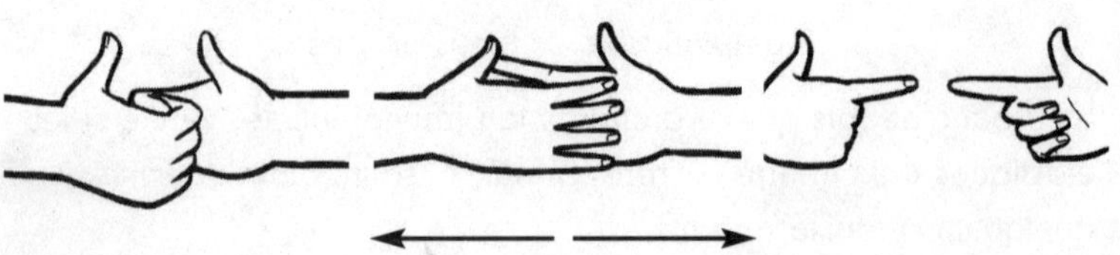

COMMENT AVOIR CONFIANCE EN SOI

Les filles sûres d'elles ne sont pas nées avec des réserves de confiance : elles ont simplement découvert le secret pour croire en elles-mêmes. Voici cinq secrets pour stimuler ta propre confiance.

1er secret : affirme-toi

N'aie pas peur d'être différente. Porte les vêtements dans lesquels tu te sens confortable et qui te distinguent des autres. Les filles sûres d'elles savent bien que ce sont les originaux qui donnent le ton à l'école !

2e secret : marche la tête haute

Ne voûte pas les épaules et redresse-toi. Marche d'un pas assuré et avec fierté. Les gens vont remarquer ta présence. Regarde-les dans les yeux et ne crains pas de montrer la diva qui se cache en toi.

3e secret : entoure-toi de vraies amies

Trouve des amies qui te comprennent et qui t'apprécient comme tu es. Si tes amies croient en toi, il y a de bonnes chances pour que tu commences à croire en toi également !

4e secret : sois honnête

Tu trouveras difficile d'être sûre de toi si tu fais semblant d'être quelqu'un que tu n'es pas. Dis toujours la vérité et sois convaincue que le fait d'être toi-même est suffisant en toutes circonstances.

5e secret : souris

Souris, même quand tu n'es pas très joyeuse. Tu te sentiras aussitôt rayonner de confiance.

COMMENT SE MAQUILLER SANS MAQUILLAGE

Pas besoin de maquillage quand on connaît les secrets pour être resplendissante au naturel! Tu trouveras ces petites astuces de beauté particulièrement pratiques si le maquillage est interdit à ton école.

La bouche parfaite

Pour avoir des lèvres pulpeuses, frotte doucement tes lèvres avec une brosse à dents afin d'éliminer les peaux mortes. Complète en appliquant une couche de baume pour les lèvres.

De jolis sourcils

Mets tes traits en valeur en refaisant une beauté à tes sourcils. Peigne les poils de tes sourcils vers le haut à l'aide d'une brosse à dents. Une petite goutte de vaseline appliquée sur les sourcils les gardera bien en place.

Aïe, mes yeux!

Tu as les yeux fatigués? Mets deux cuillères en métal dans le réfrigérateur pendant 30 minutes. Dépose la partie arrondie de chacune des cuillères sur chaque œil. Le froid va raffermir la peau autour de tes yeux, te donnant un regard vif et un air bien éveillé.

Un air espiègle

Saisis la partie la plus charnue de tes joues entre le pouce et l'index et pince-la légèrement quelques fois jusqu'à ce que tes joues aient un éclat rosé.

COMMENT ÉCRIRE DES CODES SECRETS

Écrire des codes secrets est un excellent moyen de protéger tes secrets ou de communiquer avec tes amis. Exerce-toi avec ces codes pour commencer. Quand tu seras à l'aise avec eux, amuse-toi à en inventer d'autres!

INVENTE UN NOM DE CODE

Si tu mentionnes certaines personnes dans ton journal intime, pourquoi ne pas leur inventer un nom de code? Note la « clé » du code sur un papier de manière à te souvenir des nouveaux noms que tu as donnés à ces personnes. Par exemple : Béatrice = Kim, Samuel = Alex. Mémorise la clé et place le papier dans un endroit sûr. Tu peux aussi te fabriquer une boîte à double fond (voir à la page 59). C'est l'endroit parfait pour cacher la clé de ton code secret!

Conseil : N'utilise que des prénoms courants. Des prénoms comme « Perceval » ou « Gertrude » éveilleront automatiquement les soupçons.

LE CODE DE LA GRILLE

Commence à écrire ton message dans le coin inférieur droit d'une grille rectangulaire tracée sur une feuille quadrillée. Les lettres formant chaque mot devraient monter et descendre le long de la grille, de droite à gauche, en partant du bas vers le haut, puis du haut vers le bas, comme le montre l'illustration. Mystifie la personne la plus habile pour décoder en insérant soit un « S », un « X », un « Y » ou un « Z » au début et à la fin de chaque mot.

Solution : Réunion au parc à dix heures.

Peux-tu réussir à lire le message caché dans cette grille?

LE CODE DE L'ALPHABET

Écris toutes les lettres de l'alphabet en numérotant chacune de 1 à 26 comme ceci :

A = 1, B = 2, C = 3, D = 4, E = 5, F = 6, G = 7, H = 8, I = 9, J = 10, K = 11, L = 12, M = 13, N = 14, O = 15, P = 16, Q = 17, R = 18, S = 19, T = 20, U = 21, V = 22, W = 23, X = 24, Y = 25, Z = 26.

Quand tu écris dans ton journal, brouille certains mots importants en les codant de cette façon. Par exemple :

Quand tu 5-3-18-9-19 dans ton 10-15-21-18-14-1-12 sers-toi de ce 3-15-4-5.

Solution : Quand tu écris dans ton journal, sers-toi de ce code.

LE CODE MÉLI-MÉLETTRES

Donne l'impression que ton message est incompréhensible en mélangeant les lettres de chaque mot qui y figure. La personne qui recevra ton message devra démêler un mot après l'autre, en replaçant les lettres dans le bon ordre, pour finalement comprendre ce que tu veux lui dire. Par exemple :

Ut se tivnieé à nue éreois mjapay ctèesre.

Solution : Tu es invitée à une soirée-pyjama secrète.

LES SYMBOLES SECRETS

Dessine quelques formes simples sur un bout de papier. Écris à côté de chaque symbole le mot qu'il remplace dans ton message. C'est la clé de ton code secret. Fais-la circuler parmi tes amies et entendez-vous pour utiliser ces symboles dans tous les messages que vous vous échangerez.

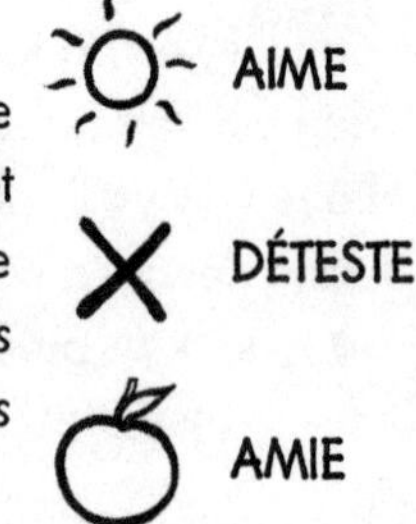

COMMENT TENIR UN JOURNAL INTIME

Tenir un journal intime te permet de mettre par écrit tes pensées et tes désirs les plus secrets. Si tu t'aperçois toutefois que tu es victime de l'angoisse de la page blanche, jette un coup d'œil à ces idées qui t'aideront à commencer.

Choisis un type de journal

Commence par décider quel type de journal tu veux tenir. Si tu veux tenir un journal « miroir », relate simplement tous les faits intéressants qui t'arrivent chaque jour et commente-les.

Dresse des listes

Tu peux aussi décider de remplir ton journal de listes. Par exemple, tu peux y dresser la liste de tes meilleures amies, de tes résolutions du Nouvel An, des garçons qui te plaisent (ou pas) et des groupes de musique que tu adores (ou détestes). Dans quelques années, ce sera amusant de les relire et de constater combien tes goûts ont changé.

Fixe-toi des objectifs

Si ton journal comporte un espace pour chaque jour de l'année, notes-y des questions pour les jours à venir. Par exemple : « As-tu demandé la permission d'organiser une soirée-pyjama à maman ? » ou « As-tu commencé à apprendre la guitare ? » Dessine une petite case à côté de chaque question. Quand tu arriveras à cette page, coche la case si tu as atteint l'objectif décrit. Si tu ne l'as pas atteint, reporte-le sur une autre page, à titre d'objectif futur.

Évalue chaque journée

Procure-toi des autocollants (de petites étoiles dorées ou argentées feront l'affaire) et attribue une cote à chaque journée. Par exemple, un beau samedi passé à patiner et à déguster un délicieux lait fouetté au chocolat mériterait cinq autocollants alors qu'un mercredi pluvieux perdu à rédiger un devoir supplémentaire de géographie n'en mériterait aucun.

COMMENT COMBATTRE L'ENNUI QUAND ON EST LOIN DE CHEZ SOI

Est-ce que le fait d'être loin de chez toi te donne envie de te pelotonner sous les couvertures et de pleurer? Découvre comment t'en sortir quand tes amis, ta famille et même ton lit te semblent très, très loin.

CES ÊTRES CHERS

Avant de partir en vacances, choisis quelques photos des membres de ta famille et de tes amies et glisse-les dans tes bagages. Une fois rendue à destination, installe-les près de ton lit. Le soir, si tu t'ennuies vraiment de ces êtres chers, tourne-toi vers eux et contemple leur visage radieux qui te sourit.

Souviens-toi qu'il est facile de téléphoner, d'écrire une lettre ou d'envoyer un courriel aux membres de ta famille quand ils te manquent. Pourquoi ne pas convenir avec tes parents d'un moment de la journée pour les contacter? Penser à ce moment t'aidera à traverser les périodes où tu te sens plus fragile.

CHASSE LA TRISTESSE

Fais le plein de pensées positives. Au lieu de te dire «si j'étais à la maison, je pourrais me pelotonner sur le canapé et regarder un film avec ma sœur», dis-toi plutôt «je peux regarder un film n'importe quand. Aujourd'hui, je vais vivre une expérience nouvelle et excitante».

Rappelle-toi que tu es au loin pour un certain temps seulement. Quand tu retourneras chez toi, ta chambre, ta maison et ta famille seront toujours là. Tu devrais essayer de tirer le maximum du changement à ta vie quotidienne que ces vacances permettent. Pour rester positive, note dans ton journal toutes les nouvelles expériences que tu vis. Chaque jour, énumère au moins trois choses positives qui te sont arrivées. L'aventure, ce n'est pas pour celles qui craignent de quitter le confort de leur foyer! Quand tu seras de retour chez toi et que ta mère t'agacera pour que tu ranges ta chambre, tu n'auras peut-être qu'une envie : partir à nouveau de la maison!

MODIFIE TON IMPRESSION

Peut-être que tu te sens triste parce que tu es déçue par ces vacances. Peut-être que tu en rêvais depuis des siècles et que tu réalises maintenant que tu ne t'amuses pas autant que tu l'aurais souhaité. Dans ce cas, il se peut que tu confondes la déception avec l'ennui. Empresse-toi de planifier quelque chose d'amusant sur-le-champ. C'est important que tu modifies la mauvaise impression que tu as de tes vacances pendant que tu peux encore en profiter.

PARTAGE TES SENTIMENTS

Si tu ne peux vraiment pas t'empêcher de t'ennuyer des gens que tu as laissés derrière toi, ne garde pas ta peine pour toi. Confie-toi à quelqu'un. L'une de tes amies te confiera peut-être qu'elle aussi a le mal du pays.

COMMENT SAVOIR SI QUELQU'UN EST ENTRÉ DANS NOTRE CHAMBRE

Ta chambre est un endroit extraordinaire pour ranger ton journal intime et profiter d'un coin tranquille bien à toi. Mais comment savoir si des intrus viennent y fouiller quand tu n'y es pas ? Voici quelques techniques à essayer pour tenter de débusquer les curieux. Certaines d'entre elles sont utilisées par les vrais espions.

TRACES EN PAPIER

Dispose des papiers sur ton bureau. Écris le mot « ULTRASECRET » dessus. À l'aide d'une règle, mesure avec précision la distance qui sépare chaque feuille de celle qui se trouve dessous. Note ces mesures. Quitte ta chambre durant quelques heures. Quand tu reviendras, mesure à nouveau la distance entre chaque feuille et celle juste en dessous. Si les mesures ont changé, tu sauras que quelqu'un est venu fouiller dans tes affaires sans ta permission pendant ton absence.

EMPREINTES POUDREUSES

Saupoudre un peu de talc sur le tapis près du seuil de ta chambre. N'en mets qu'une couche mince afin de ne pas éveiller les soupçons de tes parents à propos de tes techniques d'espionnage. Quand tu reviendras à ta chambre, regarde par terre. Si la poudre est légèrement incrustée dans le tapis, tu sauras que quelqu'un est entré.

Conseil : Recherche des traces de talc sur les chaussures de chacun des membres de ta famille. Cela pourrait t'aider à identifier l'intrus.

EN ÉQUILIBRE

Découpe un petit bout de papier d'environ 1 cm sur 2 cm. Ouvre la porte de ta chambre. Grimpe prudemment sur une chaise et dépose le bout de papier sur le bord supérieur de ta porte (fais attention à ne pas le faire tomber en descendant de la chaise). Si tu trouves le papier par terre à ton retour, c'est que quelqu'un est entré dans ta chambre pendant ton absence.

DÉTECTEURS DE MOUVEMENT

Découpe des bandelettes de papier. Plus elles seront fines et mieux ce sera, car tu ne veux pas que l'intrus les remarque. Insère soigneusement le bout d'une bandelette dans chaque tiroir de ta commode. Referme délicatement les tiroirs en laissant pendre l'autre extrémité.

Si quelqu'un ouvre tes tiroirs pendant ton absence, le mouvement fera tomber les bandelettes de papier par terre ou à l'intérieur du tiroir, ce qui te confirmera qu'un intrus s'est permis une visite non autorisée dans ta chambre.

COMMENT INTERPRÉTER SES RÊVES

Plusieurs personnes croient que nos rêves révèlent nos sentiments les plus intimes à propos de la vie et des gens qui nous entourent. Certains lieux ou objets qui t'apparaissent en rêve peuvent signifier différentes choses. Lis ce qui suit pour savoir comment noter tes rêves et découvrir leur sens secret.

TIENS UN JOURNAL DE TES RÊVES

Garde un cahier et un stylo près de ton lit afin de pouvoir noter, dès ton réveil, tout ce dont tu te souviens de tes rêves.

ANALYSE DES RÊVES

Voici quelques rêves courants et leur signification probable.

Manger une pomme
La pomme symbolise «le fruit de tes efforts». Dans ton rêve, si tu manges la pomme et t'en régales, cela peut signifier que tu considères que tes nombreux efforts ont été récompensés.

Perdre des dents
Ce rêve indique que quelque chose te tracasse ou qu'une situation embarrassante t'inquiète.

Voler
Si tu es capable de voler dans un rêve, cela révèle que tu te sens à l'aise dans une certaine situation et que tu as les choses bien en main. Cependant, si tu ne peux subitement plus voler alors que tu croyais pouvoir le faire, cela signifie que tu n'es plus certaine d'être capable de garder le contrôle sur ta vie.

L'océan
L'océan représente un obstacle dans ta vie que tu trouves difficile à surmonter. Autrement dit, tu sens que «tu perds pied».

Être poursuivie

Les rêves dans lesquels on nous poursuit se produisent souvent lorsqu'on traverse une période de changement dans notre vie et que l'on craint de ne pas réussir à relever de nouveaux défis.

Se trouver nue devant la classe

Cela signifie que tu te sens vulnérable. Peut-être ressens-tu de la culpabilité ou de la honte au sujet de quelque chose que tu as fait et que tu as peur qu'on découvre !

Briser un crayon pendant un examen

Cela révèle que tu ne te sens pas prête à relever un défi qui t'attend. Tu crains que les gens n'aient trop d'attentes envers toi.

Creuser pour trouver un trésor

Ce rêve suggère souvent que tu es à la recherche de quelque chose qui te rendrait heureuse et comblée.

COMMENT CRÉER UN CODE DE COULEUR

Sers-toi des couleurs pour créer un code que tu utiliseras pour transmettre des messages secrets à tes amies. Voici les couleurs principales et leur signification.

	SENS TRADITIONNEL
ROUGE	Le rouge suggère des émotions extrêmes, tant l'amour que la haine.
BLEU	On associe le bleu à la paix et à la tranquillité.
JAUNE	On utilise le jaune pour égayer les gens.
VERT	Le vert porte chance.
BLANC	On associe le blanc au succès et à la réussite. Il peut aussi suggérer le secret.
ROSE	Le rose suggère la beauté et l'extravagance.

La tradition veut que l'on attribue un sens à certaines couleurs et qu'on leur associe des émotions particulières. À présent, à toi de leur attribuer un nouveau sens secret que tes amies et toi seulement saurez décoder correctement.

NOUVEAU SENS

Offre un cadeau rouge si tu veux dire à quelqu'un que tu veux être son amie pour la vie. Porter un serre-tête rouge signifie que tu es fâchée contre quelqu'un, mais porter un bracelet rouge signale que tu es maintenant sous le charme d'un nouveau garçon.

Offre un cadeau bleu à une personne avec qui tu te sens bien. Porter quelque chose de bleu sur le haut du corps (une écharpe, un tee-shirt ou une veste) signifie « je suis désolée ». Porter du bleu sur le bas du corps (un collant, une jupe, un pantalon ou des chaussures) signifie « je te pardonne ».

Offre un cadeau jaune à quelqu'un qui te rend joyeuse et avec qui tu aimes bien rire. Pour afficher son appartenance à ton groupe ou à ton club, chaque membre devrait porter un vêtement ou un accessoire jaune le jour d'une réunion, d'une fête ou d'une sortie.

Offre un cadeau vert à quelqu'un pour lui dire « je suis chanceuse d'être ton amie ». Si tu veux t'assurer de mettre la chance de ton côté, porte du vert sans le montrer. Revêts une camisole verte sous un tee-shirt, par exemple, ou encore une paire de chaussettes vertes.

Offre un cadeau blanc à quelqu'un en qui tu as totalement confiance. Nouer un ruban blanc à ton sac ou à ton poignet signifie que tu as un secret. Porter un tee-shirt blanc le jour d'un match important ou d'un concours aidera ton équipe à remporter la première place.

Offre un cadeau rose à quelqu'un qui est d'une beauté rare, à l'intérieur comme à l'extérieur. Porter deux nattes nouées d'un élastique rose signifie que tu organises une soirée-pyjama secrète d'urgence pour dorloter et pomponner tes amies.

COMMENT FAIRE DES BISCUITS CHINOIS

Un biscuit chinois est un petit biscuit sucré qu'on sert généralement à la fin d'un repas dans les restaurants chinois. Le biscuit contient un message nous révélant un secret à propos de notre avenir. Apprends à confectionner des biscuits chinois et personnalise les messages exprès pour tes amies.

Il te faut :

• une feuille de papier • des ciseaux • un crayon • deux plaques à biscuits • deux blancs d'œufs • 35 g (environ 1 oz) de farine blanche • de l'essence de vanille • une cuillère à soupe et une cuillerée à thé • un fouet • 50 g (1 ¾ oz) de sucre granulé • ½ cuillerée à thé (2 ml) de sel • du colorant alimentaire jaune • du papier sulfurisé • un bol à mélanger; • une spatule • une tasse • une grille • un tamis.

RÉDIGE TES MESSAGES SECRETS

Réfléchis aux messages que tu veux insérer dans tes biscuits. Il peut s'agir d'une prédiction concernant l'avenir de tes amies, par exemple : « Le mois prochain, tu trouveras ce que tu cherchais. » Tu peux aussi demander à chacune de tes amies de révéler un secret, tel que « je suis sous le charme de Robert » ou « je veux décrocher le premier rôle dans la pièce de théâtre de Noël ». Rédige tes messages sur des bouts de papier d'au plus 2 cm (¾ po) sur 5 cm (2 po).

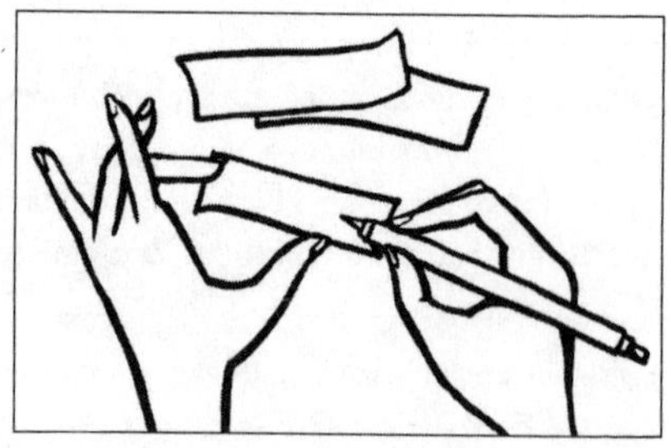

PRÉPARATION POUR BISCUITS

1. Chauffer le four à 150 °C (300 °F) *ou au niveau 2* pour les cuisinières au gaz.

2. Dans un bol, mélanger les blancs d'œufs à ½ cuillerée à thé (2 ml) d'essence de vanille à l'aide du fouet. Continuer jusqu'à ce que le mélange soit léger et mousseux.

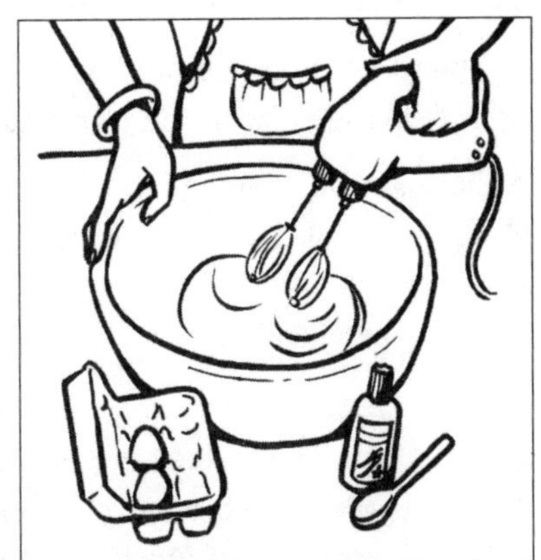

3. Dans le même bol, tamiser la farine, le sucre et le sel. Mêler le tout avec le mélange de blancs d'œufs et de vanille. Brasser jusqu'à l'obtention d'une texture lisse. Pour donner une touche spéciale aux biscuits, ajouter quelques gouttes de colorant alimentaire jaune.

4. Garnir une plaque à biscuits d'une feuille de papier sulfurisé. Déposer 2 cuillerées à thé (10 ml) du mélange sur la plaque à biscuits, à environ 10 cm (4 po) l'une de l'autre. Avec le dos de la cuillère, presser la pâte pour former un biscuit rond d'environ 7 cm (2¾ po) de diamètre.

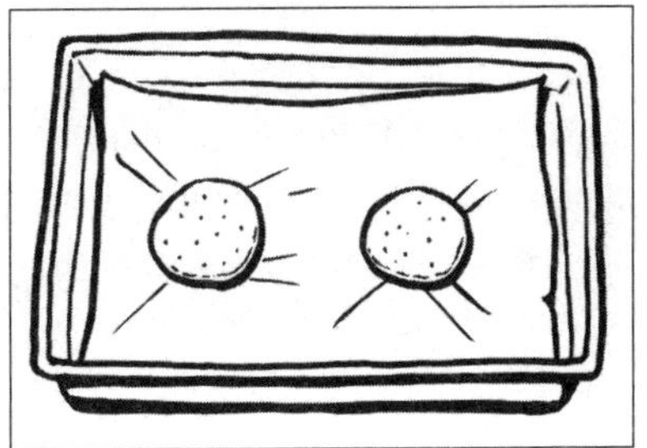

5. Mettre les biscuits au four pendant 5 minutes ou jusqu'à ce qu'ils soient brun doré. Toujours demander à un adulte d'aider lors de l'utilisation du four et toujours porter des moufles isolantes.

6. Pendant que la première fournée de biscuits cuit, préparer la seconde en utilisant l'autre plaque à biscuits. Toujours cuire les biscuits chinois de cette manière afin d'avoir le temps de les former avant qu'ils ne refroidissent.

7. Sortir la première plaque à biscuits du four. Utiliser la spatule pour retirer les biscuits de la plaque et les retourner.

8. Déposer un message au centre de chaque biscuit, puis plier le biscuit en deux.

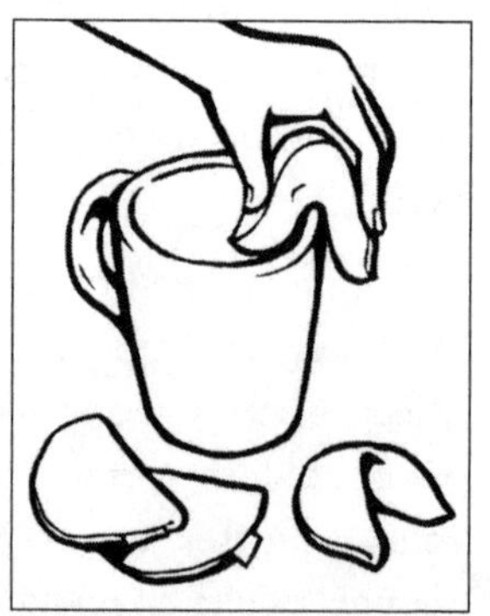

9. Prendre ensuite le biscuit plié en deux et appuyer son centre contre le rebord d'une tasse. Replier doucement les deux bouts du biscuit, de chaque côté du rebord de la tasse, de manière à créer une sorte de pochette comme sur l'illustration. Faire vite pour façonner les biscuits avant qu'ils ne refroidissent.

Mise en garde : Les biscuits seront encore chauds quand tu les façonneras, alors prends garde à ne pas te brûler les doigts!

10. Sortir la deuxième fournée de biscuits du four, y insérer les messages et les façonner. Utiliser le reste de la préparation pour fabriquer d'autres biscuits de la même façon.

11. Déposer les magnifiques biscuits sur une grille et les laisser refroidir complètement. Puis, les offrir aux amies afin d'obtenir des révélations sur leurs secrets ou des prédictions sur leur avenir.

COMMENT ÊTRE UNE BONNE AMIE

Les bonnes amies sont rares, alors assure-toi de garder les tiennes toute la vie en étant la meilleure amie qui soit. Voici quelques-uns des secrets qui constituent la base de toute amitié.

• Partage tout. Qu'il s'agisse de vêtements, d'espoirs et de rêves, de nouvelles amies, de passe-temps ou simplement de croustilles

à l'heure de la pause, applique toujours le principe de « ce qui est à moi est à toi » comme le fait une bonne amie.

• Ne juge pas ton amie parce qu'elle a des goûts différents des tiens. Avoir beaucoup d'intérêts communs est amusant, mais aimer des choses différentes l'est aussi. Tirez profit de ces différences en découvrant de nouvelles choses l'une sur l'autre. Si tu t'intéresses aux passe-temps de ton amie, elle s'intéressera peut-être aussi aux tiens.

• Si ton amie te fait assez confiance pour te raconter quelque chose de très intime, écoute attentivement ce qu'elle te confie.

Essaie d'imaginer comment elle se sent véritablement par rapport à ce qui lui arrive. Cela t'aidera à sympathiser avec elle et à lui offrir des conseils avisés.

• Prends le temps de dire à ton amie combien elle est importante pour toi : elle ignore peut-être à quel point elle est unique. Si tu sais qu'elle est triste, fais-lui beaucoup de compliments et occupe-toi d'elle comme si elle était la princesse du jour.

• N'oublie jamais l'anniversaire d'une amie. Pour cela, note la date d'une façon particulière dans ton journal intime. Fabrique-lui une carte en imprimant une photo d'elle que tu colleras sur un carton. Pourquoi ne pas y ajouter un collage de photos de ses vedettes préférées que tu auras découpées dans des magazines afin de donner à ta carte un petit côté prestigieux ? Si tu veux vraiment l'impressionner, confectionne-lui un gâteau d'anniversaire et décore-le de ses bonbons favoris.

• Ne sois pas une amie « girouette », c'est-à-dire quelqu'un qui n'est là que pour partager les bons moments et qui disparaît quand les problèmes surgissent. Si tu es une vraie bonne amie, tu vas épauler ton amie quoi qu'il arrive.

• Ne vous mentez jamais l'une à l'autre. Cela briserait la confiance qui vous lie. Si tu es toujours honnête, ton amie va respecter ton opinion et elle te pardonnera, même si tu lui dis des choses qu'elle n'a pas envie d'entendre.

COMMENT CACHER TON JOURNAL INTIME

Suis ces conseils pour être certaine que les secrets que contient ton journal intime demeurent bien... secrets.

OUI !Fabrique un « leurre », c'est-à-dire un faux journal intime qui éloignera les curieux de ton vrai journal. Trace le mot « JOURNAL » en grosses lettres sur la couverture d'un cahier aux couleurs vives et griffonnes-y quelques anecdotes « crédibles ». Cela devrait suffire à tromper les curieux et à leur faire croire qu'il s'agit bien de ton vrai journal.

OUI !Lorsque tu écris dans ton journal intime, cache-le avec un autre livre. Si quelqu'un te demande ce que tu fais, tu peux toujours prétendre que tu travailles à tes devoirs.

NON !Ne sors jamais ton journal intime de sa cachette, sauf quand tu veux y écrire. Ne le traîne jamais avec toi dans ton sac. Si quelqu'un le trouvait, tes secrets se retrouveraient littéralement « sur la place publique » très rapidement.

NON ! Ne cache jamais ton journal intime sous ton oreiller : c'est une cachette bien trop évidente. Cache-le plutôt dans la poche d'un vieux manteau que tu ne portes jamais. Suspends le manteau au fond de ton placard. Personne ne songera à regarder à cet endroit.

COMMENT JOUER À L'ESPIONNE INVISIBLE

Au cours de leur formation, les espions apprennent l'art de suivre un suspect sans se faire remarquer. Pour découvrir si tu as ce qu'il faut pour devenir une espionne, joue au jeu de l'espionne invisible avec tes amies. Seras-tu capable d'être aussi silencieuse et discrète qu'une ombre ?

RÈGLES DU JEU

1. Invite cinq de tes amies à une sortie au centre commercial. Demande à chacune de porter une montre-bracelet et d'apporter avec elle un calepin et un stylo.

2. Divisez-vous en deux groupes de trois. Dans chaque groupe, deux filles font les « suspectes » (l'une est la suspecte A et l'autre est la suspecte B). La dernière fille de chaque groupe fait l'espionne.

3. Ajustez vos montres-bracelets (afin de vous assurer qu'elles donnent toutes la même heure) et convenez de vous retrouver au même endroit dans exactement 30 minutes. Pendant ce temps, les suspectes devront se promener dans le centre commercial tandis que l'espionne devra les suivre à la trace... sans se faire remarquer. Les deux suspectes sont libres de se promener d'un magasin

à l'autre. Elles ne sont pas obligées d'être toujours ensemble, mais l'une ne peut quitter une boutique sans avertir l'autre.

CALCUL DES POINTS

Si l'espionne réussit à suivre les deux suspectes sans être vue durant toute la période de 30 minutes, elle obtient un point. Un point supplémentaire est accordé à l'espionne qui a noté correctement les déplacements exacts des suspectes A et B dans son calepin. Voici un exemple du genre de notes qu'une espionne peut consigner dans son calepin.

SAMEDI

10 h : Les suspectes quittent le magasin de bonbons et se dirigent vers le banc. Elles s'assoient et mangent des friandises qu'elles sortent d'un sac en papier.

10 h 10 : Les suspectes se lèvent et marchent en direction de la parfumerie. Elles essaient deux parfums différents.

10 h 16 : Les suspectes quittent la parfumerie et se rendent au magasin d'articles d'occasion. Elles entrent dans les cabines d'essayage.

10 h 27 : Les suspectes sortent des cabines d'essayage. La suspecte A achète une robe de lainage bleu marine. La suspecte B achète un petit sac à main jaune. Elles quittent le magasin et retournent au point de rendez-vous.

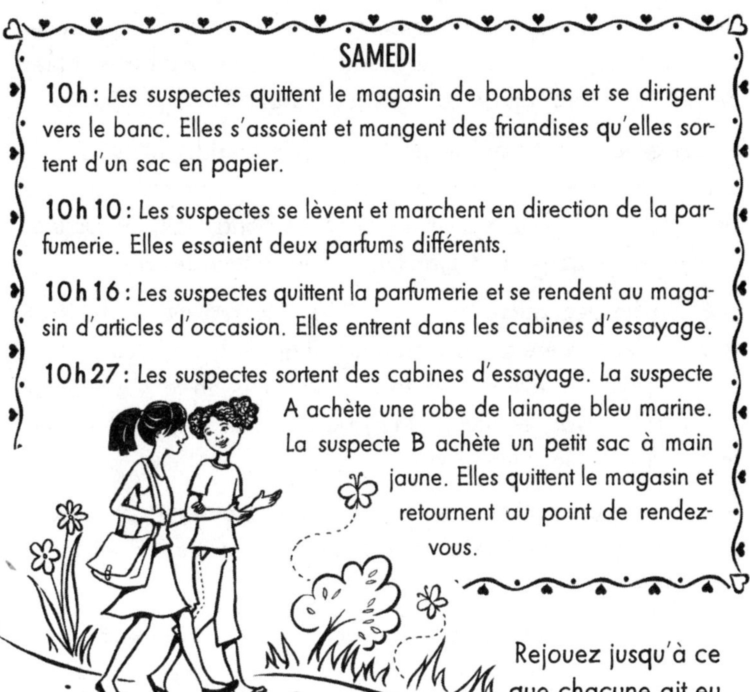

Rejouez jusqu'à ce que chacune ait eu la chance d'être l'espionne. L'espionne qui cumule le plus de points gagne la partie.

ASTUCES POUR ESPIONNER AVEC SUCCÈS

Si tu trouves que tes suspectes te débusquent trop souvent, essaie de mettre en pratique ces bonnes vieilles tactiques d'espionnage.

• Dès que le jeu commence, trouve une cachette qui soit à une distance « sécuritaire » de tes suspectes (derrière un présentoir en verre du magasin ou un rideau, par exemple). Ainsi, si une suspecte s'immobilise ou se retourne subitement, tu devrais être assez loin pour ne pas te faire voir.

• Apporte un manteau long au centre commercial. Revêts-le rapidement pour éviter que tes suspectes te reconnaissent au premier coup d'œil si jamais elles te voient. Tu trouveras d'autres idées de déguisements rapides aux pages 68 et 69.

• Pour éviter que tes pas résonnent dans le corridor et qu'ils révèlent ta présence, marche aussi doucement et silencieusement que possible. Tu peux te faciliter la tâche en portant des chaussures à semelles souples et en marchant sur la pointe des pieds.

• Glisse un petit miroir dans ta poche. Quand une suspecte se trouve juste derrière toi, fais semblant d'appliquer une couche de baume pour les lèvres à l'aide du miroir tout en le positionnant de façon à y voir le reflet de ta suspecte. Si les suspectes quittent le magasin, tu les verras partir.

• Prends un accessoire avec toi, comme un parapluie ou un journal, afin de pouvoir te cacher derrière si jamais les suspectes regardent vers toi.

• Porte des lunettes de soleil aux verres foncés pour éviter toute possibilité de contact visuel. Même si la suspecte croise ton regard, détourne les yeux et fais semblant de t'intéresser à autre chose, comme un article exposé dans une vitrine ou une robe accrochée sur un cintre.

COMMENT ÊTRE TOUJOURS POLIE

Les filles polies savent comment être des invitées appréciées. Laisse une bonne impression partout où tu vas en appliquant ces grands principes de politesse.

Envoie une lettre de remerciements
Si quelqu'un t'a donné un cadeau, remercie-le toujours en lui envoyant une carte ou une lettre. Personnalise ton message en expliquant comment tu utiliseras le cadeau ou combien il te sera utile. Par exemple : Merci pour la boîte de peintures. J'ai très hâte de l'utiliser pour peindre un tableau quand je serai en vacances.

Remercie les hôtes de leur hospitalité
Si tu es allée chez des amies pour un goûter ou une nuitée, ne pars pas sans dire un mot. Pense toujours à remercier les parents de tes amies de t'avoir accueillie chez eux.

Ne crée pas de pollution sonore
Si tu es dans une bibliothèque ou un cinéma, pense à éteindre la sonnerie de ton téléphone cellulaire et à baisser le volume de ton baladeur MP3. Si quelqu'un te demande de faire moins de bruit lorsque tu ris avec tes amies, sois respectueuse.

Rappelle-toi des bonnes manières à table
Ne parle jamais la bouche pleine et ne te penche pas au-dessus de l'assiette d'un autre convive pour prendre la salière. Souviens-toi de toujours remercier la personne qui a cuisiné ce délicieux repas.

COMMENT TRANSFORMER UN VIEUX LIVRE EN CACHETTE SECRÈTE

Tu cherches un coin ultrasecret pour cacher ton journal intime ? Essaie cette méthode efficace. L'heure est venue d'être sérieusement rusée...

Il te faut :

• un vieux livre à couverture rigide de format plus grand et plus épais que ton journal (regarde au magasin d'articles d'occasion près de chez toi pour dénicher un livre d'allure vraiment vieillotte) • un morceau de carton • des ciseaux.

1. Sur le carton, trace un rectangle de 2 cm (¾ po) de moins qu'une des pages du vieux livre à couverture rigide. Découpe le rectangle de carton. Il te servira de gabarit.

2. Ouvre le livre un peu après les premières pages. Plie trois ou quatre pages en deux, comme sur l'illustration. Dépose ton gabarit sur les pages pliées et traces-en le contour au crayon.

3. Découpe les pages pliées le long de la ligne que tu as tracée.

4. Répète les étapes 2 et 3 jusqu'à ce qu'il n'y ait plus que quelques pages intactes à la fin du livre. Dépose ton journal intime dans l'espace ainsi créé et rabats la couverture.

5. Enfin, range ton faux livre dans ta bibliothèque, parmi tous les autres livres. Personne n'aura la moindre idée de ce qu'il renferme.

COMMENT TENIR SES RÉSOLUTIONS DU NOUVEL AN

C'est une excellente idée, quand une nouvelle année débute, d'essayer de se débarrasser d'une mauvaise habitude ou de développer un nouveau talent. Cependant, si tes bonnes intentions commencent à faiblir, découvre vite les secrets qui te permettront de tenir tes résolutions du Nouvel An.

Dresse une liste restreinte
Ne rédige pas une liste de dix résolutions. Contente-toi d'en choisir deux ou trois qui te tiennent vraiment à cœur et n'en déroge pas.

En manque d'inspiration ?
Choisis deux résolutions parmi celles de la liste ci-dessous et mets-les en pratique comme si ta vie en dépendait!

RÉSOLUTIONS DU NOUVEL AN

• Passer plus de temps avec maman. • Me disputer moins souvent avec mes frères et sœurs. • Manger cinq portions de fruits chaque jour. • Remettre mes devoirs dans les délais. • Regarder moins la télévision. • Apprendre à danser la salsa. • Lire davantage. • Aller à l'école en vélo.

Sois réaliste
Si tu ne sais pas jouer de la guitare, ne vise pas à devenir guitariste dans un groupe d'ici à la fin de l'année. Ramène ta résolution à quelque chose de plus simple, comme épargner pour t'acheter ta propre guitare par exemple.

Sois positive
N'écris pas des choses négatives que tu ne devrais pas faire : cela ne fera que te donner l'envie de te rebeller contre elles. Par exemple, au lieu d'écrire « je ne rongerai plus jamais mes ongles », écris plutôt « je vais bien soigner mes ongles et m'amuser à utiliser plusieurs jolis vernis à ongles ».

Pense aux autres

Selon des recherches, il est bien plus facile de tenir nos résolutions si celles-ci aident d'autres personnes ou leur font du bien. Par exemple, te promettre de passer plus de temps avec ta mère sera non seulement bénéfique pour votre relation, mais ta mère en retirera aussi du plaisir.

Fais-toi aider de tes amies

Tu aimerais épargner ton argent de poche ? Au lieu de prendre la résolution de ne plus acheter de friandises en revenant de l'école, prends celle de cuisiner chaque dernier vendredi du mois. Implique une amie : achetez de la préparation pour gâteau en combinant votre argent et préparez-vous ensemble de savoureuses gâteries.

Tiens un calendrier de progression

Colle une étoile ou dessine un visage souriant sur un calendrier pour marquer chaque semaine où tu as réussi à tenir ta résolution : cela te motivera à continuer.

COMMENT TRANSMETTRE UN MESSAGE SECRET

Tu veux raconter quelque chose à une amie, mais tu ne peux pas prendre le risque que ton secret s'ébruite ? Voici quelques moyens que tes amies et toi pouvez utiliser pour échanger des renseignements strictement confidentiels.

UN ARTICLE DISCRET

Rédaction clandestine

Commence à lire un article dans un magazine. À l'aide d'un stylo à pointe fine, fais un point de la grosseur d'une pointe d'épingle sous chaque lettre de chaque mot composant ton message secret. Assure-toi de mettre un point sous chaque lettre en suivant exactement le même ordre que dans ton message. Ensuite, prête le magazine à ton amie en lui disant qu'il y a un article intéressant à la page (indique ici....le numéro de la page). En notant sur un papier chaque lettre sous laquelle se trouve un point, dans l'ordre où elles apparaissent, ton amie découvrira ton message secret.

Un secret collant

Annonce à ton amie que tu aimerais lui prêter un livre qu'elle va adorer à coup sûr. Avant de le lui prêter, rédige ton message secret sur un feuillet autocollant et colle-le au centre d'une page, environ à la moitié du livre. Quand elle sera rendue à lire cette page, elle découvrira ton message secret.

BOÎTE AUX LETTRES SECRÈTE

Dans le cadre

La prochaine fois que tu auras besoin de confier un secret à ton amie, essaie ceci : trouve une photo de vous deux et insère-la dans un cadre. Assure-toi de placer la photo légèrement de travers dans le cadre. Cache ton message secret derrière la photo et offre le cadre à ton amie. À l'avenir, utilisez le cadre pour transmettre vos messages secrets. Ton amie saura qu'un nouveau message l'attend chaque fois qu'elle remarquera que la photo est de travers.

Alerte au ruban

Transmets un message secret à ton amie sans être dans la même pièce qu'elle! Dis à ton amie qu'une enveloppe contenant un message secret juste pour elle se trouve dans le parc, près d'un ruban rouge.

Pendant que personne ne regarde, cache la lettre derrière les balançoires du parc. Noue un ruban rouge au montant des balançoires pour prévenir ton amie qu'il s'agit du bon endroit. Une fois que tu as caché l'enveloppe, retourne chez toi et appelle ton amie pour l'avertir que ton message secret est prêt à être ramassé.

Mise en garde : Informe toujours un adulte du lieu où tu vas et ne te rends jamais au parc seule à la tombée de la nuit.

COMMENT FORMER UN CLUB SECRET

Créer un club secret peut occasionner une foule d'aventures sensationnelles. Voici des conseils pour mettre sur pied le plus ultrasecret des clubs secrets, mais attention : attends-toi à ce que tout le monde veuille en faire partie !

INVITER LES MEMBRES

N'invite que tes amies en qui tu as le plus confiance à faire partie de ton club (celles qui sont reconnues pour savoir garder des secrets).

Tu devras envoyer des invitations mentionnant le moment et le lieu où se déroulera votre première réunion. Pour que cela reste ultrasecret, rédige chaque invitation à l'encre invisible (consulte les pages 82 et 83 pour savoir comment écrire à l'encre invisible).

Fournis le moins de renseignements possible sur tes invitations. Invente-toi un nom de code et trouves-en un pour chacune de tes amies afin de garder votre identité secrète.

Tu es invitée à une réunion ultrasecrète chez moi, à 18 h. Surtout, veille à ne pas être suivie.

Songe à une suggestion de nom pour notre club. Ne l'écris pas sur un papier.

Tu recevras un mot de passe par courriel aujourd'hui, à 16 h 30. Tu devras prononcer ce mot de passe à ton arrivée.

Mlle Rose

CHOISIR UN MOT DE PASSE SECRET

Pour assister à la réunion, les membres du club devront connaître le mot de passe secret. Choisis un mot insolite comme « WOMBAT » ou « KOULIBIAC ». Indique l'heure à laquelle tu enverras ce mot de passe aux membres sur ton invitation. À l'heure pile, envoie un courriel ne contenant que le mot de passe.

VOTRE PREMIÈRE RÉUNION

Le jour de votre réunion, laisse un calepin et un crayon devant la porte de ta maison. Chaque fois qu'un membre arrive, demande-lui d'écrire le mot de passe secret sur un bout de papier et de le glisser dans la fente pour le courrier. Si la personne qui fait son entrée inscrit le bon mot de passe, laisse-la entrer. Si elle ne connaît pas le mot de passe, n'ouvre pas la porte.

À cette toute première réunion, vous devrez décider de qui sera la présidente de l'assemblée, c'est-à-dire la personne qui dirige la réunion et qui s'assure que chacune ait la chance de parler. Vous devriez aussi demander à la personne qui a l'écriture la plus soignée de rédiger le compte rendu de l'assemblée, c'est-à-dire un résumé des points les plus importants discutés durant la réunion.

LE JEU DU NOM

Une fois que vous êtes toutes réunies, demande à chacune de révéler aux autres sa suggestion de nom pour le club. Passez ensuite au vote : le nom qui obtient le plus grand nombre de votes gagne. Pour lancer le remue-méninges, tu peux suggérer plusieurs noms, comme la Société secrète des demoiselles ou les Jeunes Clandestines.

UN LOGO À VOTRE IMAGE

Si tes amies et toi prenez le club au sérieux, vous devriez lui créer une signature graphique secrète. Concevez un logo (un dessin simple qui résume bien l'esprit de votre club). Dessinez ce logo sur tous les messages du club, lorsque vous convoquerez en secret la prochaine réunion par exemple.

RÈGLES DU CLUB

Les règles sont là pour préserver la confidentialité de votre club. Chaque membre doit lire les règles de votre club et promettre de les observer. Voici les règles les plus importantes que chaque membre devrait suivre.

- Ne jamais parler du club devant des non-membres ou près d'eux.
- Toujours parler des autres membres du club en utilisant leur nom de code.
- S'assurer de ne jamais être suivie lorsqu'on se rend à une réunion du club.
- Sécurité d'abord : ne jamais entreprendre une mission secrète qui pourrait mettre en danger un membre ou qui que ce soit.

COMMENT ÊTRE BELLE AU NATUREL

Le secret pour sembler au meilleur de ta forme est d'être « bien dans ta peau », ce qui signifie « ne pas essayer de ressembler à quelqu'un d'autre ». Laisse éclater ta beauté naturelle au grand jour. Lis ce qui suit et découvre comment révéler à tous le meilleur de toi-même. Tu verras, tes amies vont bientôt vouloir connaître ton secret.

PARS DE CE QUE TU AS

• Si tu as la peau pâle, ne va pas la brûler sous le soleil dans l'espoir de bronzer. Apprécie plutôt la pâleur éblouissante de ta peau délicate et appliques-y un écran solaire chaque jour pour la protéger. Si ta peau est foncée, tu as de la chance et tu peux porter des couleurs vibrantes pour la mettre en valeur.

• Si tu as la chance d'avoir les cheveux bouclés, oublie les fers à lisser et porte tes boucles avec assurance et fierté. Si tes cheveux sont raides, amuse-toi à les orner de barrettes originales ou réunis-les en une queue de cheval bien rebondie, très haut sur ta tête.

• Évite d'étouffer ta peau sous trop de maquillage. Permets-lui de respirer à l'air libre et montre au monde entier à quel point tu es une véritable beauté naturelle (consulte la page 16 pour découvrir comment avoir l'air resplendissante sans maquillage).

FAIS DE L'EXERCICE

Non seulement faire de l'exercice te donnera fière allure, mais en plus, cela te fera sentir terriblement de bonne humeur. Mets ton disque compact préféré et danse d'une façon déchaînée pendant quinze minutes. Pour constater vraiment les bienfaits de cette activité, pratique-la chaque jour. Ta peau aura sûrement

plus d'éclat et toi, davantage d'énergie. Tu peux aussi, avec une amie, te créer un parcours de mise en forme dans le parc ou dans ta cour. À l'aide de branches ou de cailloux, divise le gazon en trois zones. Choisis un exercice différent à effectuer dans chaque zone. Par exemple, tu peux faire des sauts avec les jambes et les bras écartés dans l'une des zones, sauter à la corde dans l'autre et courir sur place dans la dernière. Ton amie et toi, pratiquez chacune un exercice pendant cinq minutes. Au bout de cinq minutes, changez de zone et d'exercice.

SOMMEIL RÉPARATEUR

Toute fille a besoin d'une bonne nuit de sommeil pour être belle et se sentir au meilleur de sa forme. Pendant que tu dors à poings fermés, ton corps travaille fort pour régénérer les cellules de ta peau et te donner un teint de fille fraîche et dispose. Tâche de dormir environ huit heures par nuit (consulte la page 102 pour découvrir les stratagèmes menant à une nuit de sommeil parfaite). Tu constateras que tu as alors bien plus d'énergie!

COMMENT SAVOIR SI QUELQU'UN A LU NOTRE JOURNAL INTIME

Ton journal n'est pas tout à fait à l'endroit où tu l'avais laissé. Quelqu'un y aurait-il jeté un coup d'œil? Voici quelques ruses à utiliser si tu veux prendre ce vilain curieux sur le fait.

Ne pas bouger d'un poil

Prends un de tes cheveux (tu en trouveras beaucoup sur ta brosse à cheveux). Coinces-en un bout entre la couverture de ton journal et la première page. Coince l'autre bout du cheveu entre la couverture arrière et la dernière page. Place ton journal dans sa cachette habituelle. La prochaine fois que tu prendras ton journal, regarde si le cheveu est toujours en place. Si ce n'est pas le cas, tu sauras que quelqu'un est venu fouiller dans ta chambre à ton insu.

Un piège poudreux

Saupoudre un peu de talc sur la dernière page où tu as écrit dans ton journal. N'en mets qu'une toute petite quantité, de manière à ce qu'il soit pratiquement invisible. Ferme le journal et vaque à tes occupations. Si quelqu'un vient fureter dans tes affaires en ton absence, tu trouveras du talc par terre, près de la cachette de ton journal.

Une idée pour démasquer les curieux

Rédige une fausseté dans ton journal. Par exemple, si tu soupçonnes ton petit frère de lire ton journal, écris quelque chose comme « si Benoît m'achetait des friandises de temps à autre, je le laisserais volontiers utiliser mon ordinateur». Si, par miracle, ton petit frère commence à t'offrir des bonbons, tu sauras que c'est lui le curieux.

COMMENT CONVAINCRE SES PARENTS DE CHANGER D'IDÉE

Essaies-tu d'avoir un supplément d'argent de poche ? Veux-tu obtenir à tout prix la permission d'aller à la soirée-pyjama qu'organise ton amie un soir de semaine ? Voici des idées pour convaincre tes parents d'accéder à tes demandes, peu importe lesquelles.

STRATÉGIES ASTUCIEUSES

La flatterie mène à tout

Même si tu vois ton père descendre l'escalier vêtu d'une chemise hawaïenne qui a connu son heure de gloire dans les années soixante-dix, dis-lui qu'il a vraiment l'air à la mode. Les parents adorent les compliments.

Sois une fille exemplaire pendant toute une semaine

Fais tes devoirs dès ton retour à la maison et, après le dîner, sois la première à débarrasser la table et à ranger la cuisine. Ce ne sera peut-être pas la semaine la plus excitante de ta vie, mais si cela incite tes parents à changer d'idée, cela aura valu la peine.

Rédige un rapport

Pèse le pour et le contre d'une permission que tu désires obtenir en dressant une liste d'arguments. Rédige un rapport qui semble officiel. Convoque une réunion de famille pour discuter de ton rapport. Expose clairement ton point de vue, sans te fâcher ni te mettre en colère.

EN DERNIER RECOURS

Si les stratégies proposées ci-dessus n'ont pas réussi à faire changer tes parents d'idée, il est temps que tu leur montres à quel point tu es déterminée.

Fabrique une pancarte
Fixe un carton à un bâton à l'aide de ruban adhésif. Écris ta demande sur le carton. Par exemple : «JE VEUX PLUS D'ARGENT DE POCHE ET JE LE VEUX... MAINTENANT!» Arpente le salon en brandissant ta pancarte et en scandant ces mots jusqu'à ce que tes parents acceptent... ne serait-ce que pour te faire taire!

Un serment silencieux
Annonce à tes parents que tu as décidé de ne plus parler tant qu'ils n'auront pas acquiescé à ta demande. Ne cède pas, même si ton frère utilise ton ordinateur sans te demander la permission.

Prends-les par les sentiments
Écarquille les yeux et mords-toi la lèvre inférieure. Baisse la tête et fais comme si tu étais sur le point d'éclater en sanglots. Si tu le peux, verse quelques larmes... mais cela demande un certain entraînement avant d'y arriver.

Fais la grève
Si toutes tes tentatives ont échoué..., fais la grève. Attache-toi au canapé en guise de protestation et clame que tu ne devras pas être bougée de là tant que tes parents n'auront pas accédé à ta demande.

Mise en garde : Il est important que tu gardes en tête que ces méthodes n'auront peut-être aucun effet sur tes parents et que ceux-ci ne changeront peut-être pas d'idée.

COMMENT TRESSER UN BRACELET BRÉSILIEN CODÉ

Fabrique, pour ta meilleure amie, un bracelet brésilien unique cachant un message codé secret en couleurs. Réfère-toi à la liste des couleurs et de leur signification aux pages 26 et 27 pour choisir trois couleurs qui représentent bien votre amitié. Utilise ces couleurs pour confectionner ton bracelet : c'est une jolie façon de dire à ton amie combien elle est importante pour toi.

FABRICATION D'UN BRACELET BRÉSILIEN

Il te faut :

• un carton d'environ 25 cm sur 25 cm (10 po sur 10 po) • du fil à broder souple de trois couleurs différentes • des ciseaux.

1. Coupe six fils d'environ 1 mètre (39 po) de long chacun. Tu dois avoir deux fils de chaque couleur. Noue-les tous ensemble à une extrémité en prenant soin de laisser pendre un bon 10 cm (4 po) de fil au-dessus du nœud.

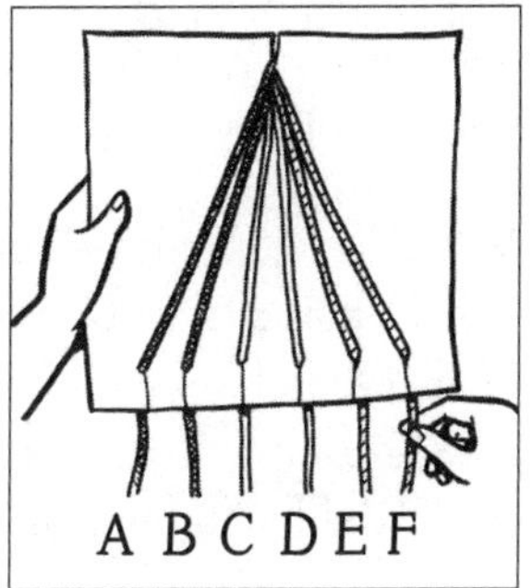

2. Avec les ciseaux, fais une entaille de 5 cm (2 po) dans le haut du carton. Dans le bas du carton, fais six entailles de 5 cm (2 po) en laissant environ 2 cm (¾ po) entre chacune.

3. Glisse l'extrémité nouée de tes fils dans la fente du haut. Sépare les fils et glisse chacun d'eux dans une fente du bas en veillant à garder les couleurs par paires, comme sur l'illustration.

4. Passe le fil A par-dessus le fil B.

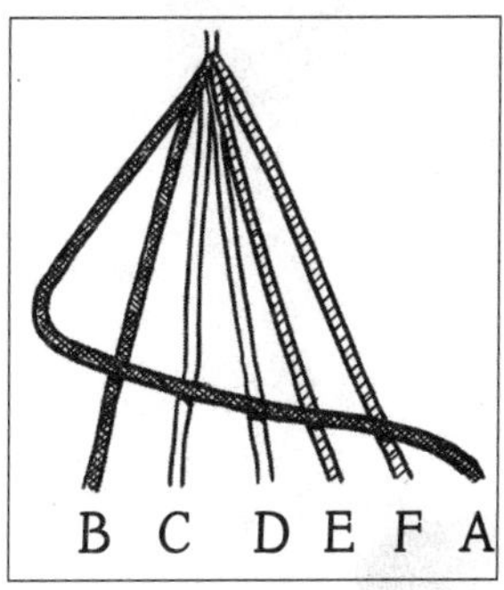

5. Passe le fil A sous le fil B pour faire un nœud, comme sur l'illustration. Fais glisser le nœud vers le haut des fils. Replace le fil B à gauche. Répète l'opération avec le fil A pour obtenir un double nœud.

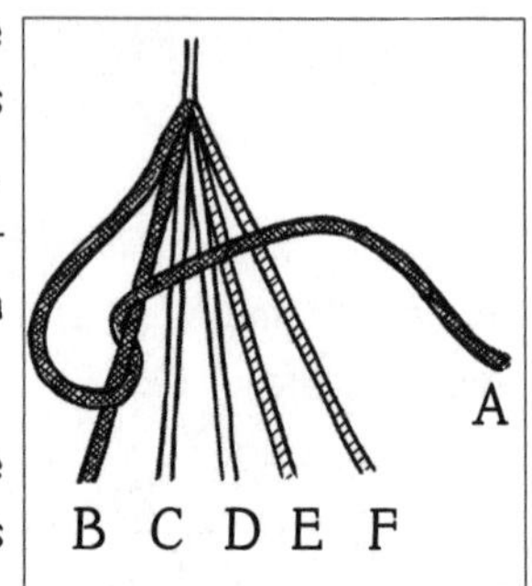

6. À présent, déplace chaque fil d'une fente vers la gauche et maintiens les fils bien séparés.

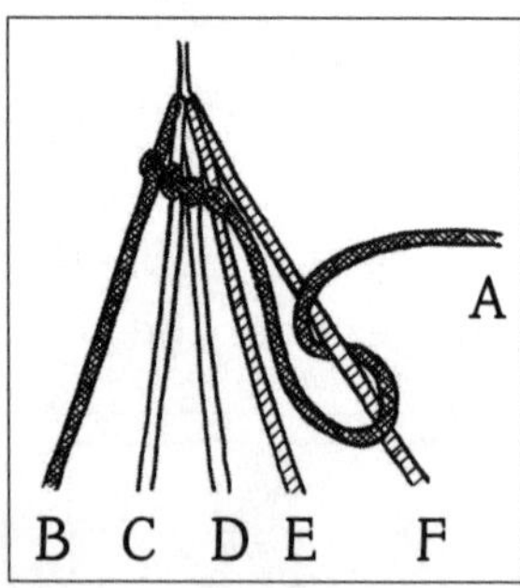

7. Continue à faire un double nœud avec le fil A sur chacun des fils restants, jusqu'à ce que le fil A soit rendu à l'extrême droite de ton travail, comme sur l'illustration.

8. Répète les étapes 4 à 7 avec le fil B.

9. Ensuite, répète les étapes 4 à 7 avec le fil C, puis avec le D, avec le E et avec le F. Quand tu auras terminé, recommence avec le fil A. Tu constateras que ton travail forme de jolies rayures.

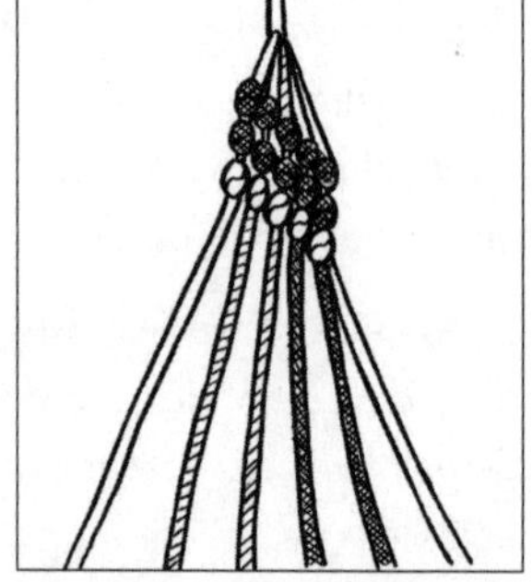

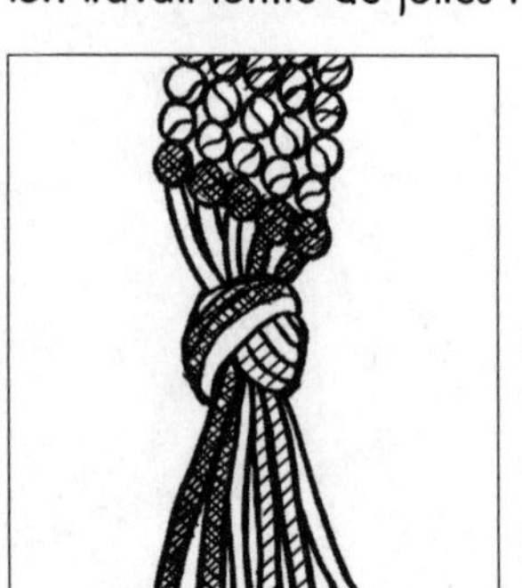

10. Quand ton bracelet est assez long pour faire le tour de ton poignet, noue tous les fils ensemble, en prenant soin de laisser un bout de 20 cm après le nœud.

FABRICATION DES PERLES CODÉES

Ajoute un message personnalisé à ton bracelet en fabriquant des perles codées.

Il te faut :

• une plaque à biscuits; • un grand bol à mélanger et trois bols plus petits • 50 g (1 ¾ oz) de sel • 150 g (5 oz) de farine blanche tamisée • 150 ml (⅔ tasse) d'eau tiède • trois sacs de plastique avec une fermeture à glissière • trois brochettes • de la colle blanche et un petit pinceau • de la vaseline • trois couleurs de colorant alimentaire • du papier et un crayon • des paillettes • des brillants.

1. Dessiner une légende de couleur sur un bout de papier pour expliquer la signification spécifique de chaque teinte de colorant alimentaire choisie. Par exemple :

Violet = Merci de m'avoir aidée avec mon devoir.

Orange = Tu fais les meilleurs gâteaux du monde.

Turquoise = Tu es toujours incroyablement gentille avec les gens.

2. Mélanger le sel et la farine. Ajouter lentement l'eau en brassant constamment, jusqu'à ce que le mélange forme une pâte souple. Pétrir la pâte avec les mains pour la ramollir.

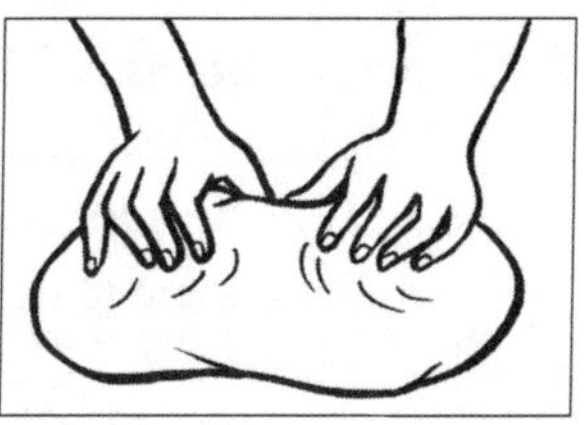

3. Diviser la pâte en trois. Déposer chaque part dans un petit bol et y ajouter quelques gouttes de colorant alimentaire. Mélanger la couleur à la pâte.

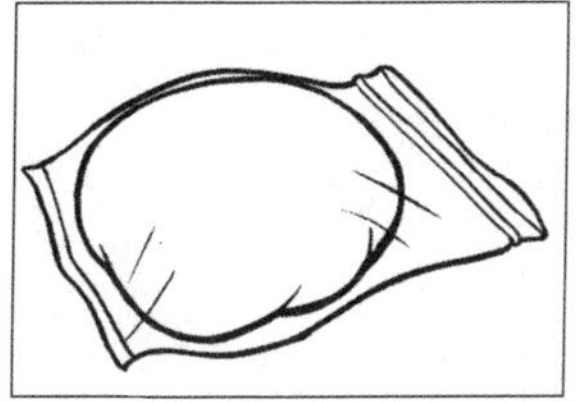

4. Placer chaque boule de pâte dans un sac en plastique. Laisser reposer à la température ambiante pendant 30 minutes pour permettre aux ingrédients de bien se lier et pour rendre la pâte plus facile à travailler par la suite.

5. Prendre ensuite un petit morceau d'une des pâtes colorées. Le rouler entre les paumes des mains pour former une petite boule. Faire de même avec chaque couleur de pâte afin d'avoir trois perles, une de chaque couleur. (Utiliser le reste de la pâte pour faire des perles additionnelles afin de s'en servir plus tard pour un autre bracelet.)

6. Enduire chaque brochette de vaseline pour empêcher les perles de coller. Placer une perle par brochette. Choisir des paillettes et les presser sur les perles pour les incruster.

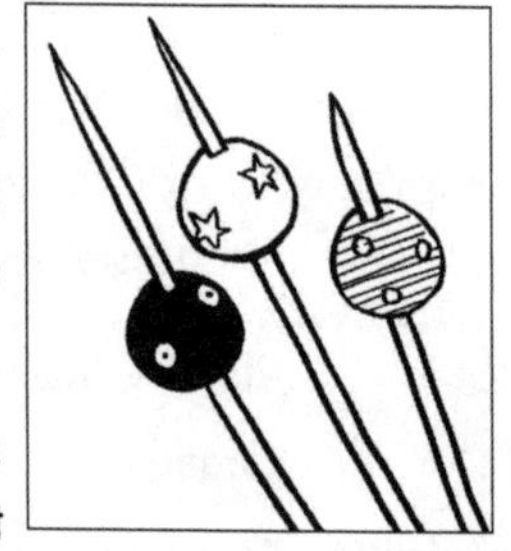

7. Disposer les brochettes en travers de la plaque à biscuits. Faire cuire les perles 30 minutes au four préchauffé à 150 °C (300 °F) ou au niveau 2 pour les cuisinières au gaz jusqu'à ce qu'elles aient durci.

Mise en garde : Demande toujours à un adulte de t'aider lorsque tu utilises le four et porte toujours des moufles isolantes.

8. Quand les perles ont suffisamment refroidi pour être manipulées, les retirer des brochettes. Appliquer une mince couche de colle blanche sur chacune pour les rendre lustrées. Pour leur donner encore plus d'éclat, ajouter des brillants à la colle.

9. Quand la colle est sèche, enfiler les perles sur les fils qui pendent au bout du bracelet, puis les maintenir en place en faisant un autre nœud bien serré. Laisser 10 cm (4 po) de fil après le nœud pour pouvoir nouer le bracelet.

10. Enfin, envelopper le bracelet dans le papier sur lequel la légende de couleur a été dessinée et offrir en cadeau à une amie.

COMMENT CONFIER UN SECRET À QUELQU'UN

Ce n'est pas toujours une bonne idée de garder toutes tes émotions pour toi. Confier à quelqu'un comment tu te sens à propos d'une certaine situation risque davantage d'améliorer les choses que de les empirer. Si tu as l'impression que parler à quelqu'un est la meilleure chose à faire, alors fais-le en suivant ces quatre règles d'or.

1re RÈGLE : Ne confie jamais un secret à quelqu'un par courriel. Tu pourrais accidentellement envoyer le message à la mauvaise personne ou alors ton amie pourrait transférer ton message à quelqu'un d'autre sans le faire exprès. Il vaut toujours mieux être en tête-à-tête avec quelqu'un quand on veut lui confier un secret.

2e RÈGLE : Assure-toi de te confier à la bonne personne. Es-tu certaine que cette personne va prendre ton secret au sérieux ou est-elle plutôt du genre à plaisanter à propos de tout et de rien ? Parfois, il est préférable que tu confies tes secrets à un adulte qui se soucie vraiment de toi et de ta vie.

3e RÈGLE : Choisis bien ton moment. Le bon moment pour révéler un secret est lorsque tu te sens à l'aise avec une personne et que tu sais que tu ne seras pas interrompue. Ce peut être pendant que vous marchez, au retour de l'école ou quand tu es seule avec ta mère à la maison.

4e RÈGLE : Assure-toi que la personne à qui tu t'adresses comprend bien que tu lui confies quelque chose d'intime. Ton secret ne concerne qu'elle et toi. Si elle sait que c'est important pour toi, elle sera moins tentée d'aller le répéter à d'autres.

COMMENT JOUER À LA MISSION SECRÈTE

Avec son prix qui vient récompenser les joueuses à la fin de la partie, le jeu de la mission secrète est idéal pour une fête d'anniversaire. Prépare une série d'énigmes à résoudre qui mèneront tes amies jusqu'à un lieu secret de ton choix où tu auras placé un prix. Le jeu nécessite un peu de préparation. Voici comment y jouer.

LA MISSION : TROUVER LES INDICES ET RÉSOUDRE LES ÉNIGMES

1. Avant le début du jeu, choisis le lieu secret où tu veux que tes amies se rendent. Cela peut être au parc, dans ta cour ou dans n'importe quel endroit assez vaste pour jouer. Caches-y une boîte de jeux sous un arbre. Remplis-la de cordes à sauter, de raquettes de badminton et d'autres jeux susceptibles de plaire à tes amies.

2. Rédige les indices et cache-les. Chaque indice doit mener à l'indice suivant. Par exemple, les premiers indices peuvent ressembler à ceci.

1er INDICE
Le prochain indice se trouve près d'un endroit humide où évolue une faune marine précieuse. (Cache le prochain indice près du bocal de ton poisson rouge.)

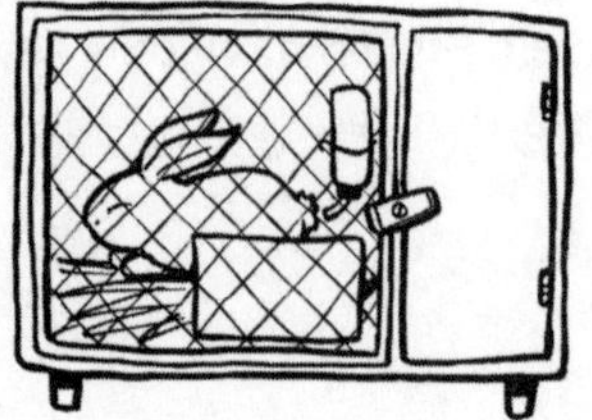

2e INDICE
Cherchez les vedettes de Pâques. (Cache le prochain indice dans la cage des lapins.)

3e INDICE

Trouvez le plus grand arbre de la cour. (Cache le prochain indice dans les branches du plus grand arbre.)

4e INDICE

Le prochain indice est bien au frais. (Cache le prochain indice derrière le réfrigérateur.)

5e INDICE

Faites attention à ne pas vous asseoir sur le prochain indice! (Cache le prochain indice sous les coussins du canapé.)

Dans le dernier indice, révèle l'endroit exact où tu veux que tout le monde aille.

3. Ensuite, réunis toutes tes amies dans ta chambre. Remets à chacune une enveloppe scellée sur laquelle tu auras inscrit le mot « ultrasecret ». Chaque enveloppe contient la même chose : un message expliquant la mission et le premier indice.

Chère Mademoiselle Rose,

Ta mission secrète consiste à trouver et à résoudre une série d'énigmes. Si tu réussis à résoudre toutes les énigmes correctement, tu découvriras le lieu secret où nous allons jouer. Tu as 45 minutes exactement pour compléter ta mission. Une fois ce délai écoulé, la fête va commencer.

Tu trouveras le premier indice dans cette enveloppe. Bonne chance!

Rends-toi à l'avance à ton lieu secret et prépare tes jeux. Offre une pochette-surprise à chacune de tes invitées pour la féliciter d'avoir complété la mission avec succès.

COMMENT COMPRENDRE SA MÈRE

Même si tu aimes ta mère, tu sais que ce n'est pas toujours facile de t'entendre avec elle. Voici les cinq grands secrets que toute fille devrait savoir à propos de sa maman.

1er SECRET : Les mères adorent bavarder. Tu n'as pas besoin de lui raconter tout ce que tu fais en détail, mais essaie de l'impliquer davantage dans ta vie. Tiens-la au courant de ce qui se déroule à l'école et de l'état de tes relations avec tes amies.

2e SECRET : Les mères peuvent avoir des journées difficiles parfois, comme cela vous arrive, à toi et à tes amies. Si tu penses que ta mère traverse une mauvaise journée, pourquoi ne vas-tu pas lui faire un gros câlin pour lui montrer à quel point tu l'aimes et te soucies de ce qu'elle ressent ?

3e SECRET : Aide-la. Ne discute pas si ta mère te demande d'accomplir une tâche. Demande-toi plutôt pourquoi elle veut que tu la fasses. Par exemple, si elle te demande de ne pas laisser traîner ta serviette sur le plancher de la salle de bain, souviens-toi de la ramasser et de la suspendre à son crochet. Ainsi, elle n'aura pas à être lavée aussi souvent.

4e SECRET : Passez du temps de qualité ensemble. Cuisinez un repas, regardez de vieilles photos ou faites un peu de jardinage. Plus vous passerez du temps ensemble et plus vous vous sentirez à l'aise lorsque vous le ferez.

5e SECRET : Écoute les conseils de ta mère. La vie lui a déjà enseigné à ta mère plusieurs leçons qui pourraient t'être utiles. Si quelque chose te tracasse, parles-en à ta mère : elle sait peut-être exactement quoi faire dans une situation semblable.

COMMENT FABRIQUER UNE BOÎTE À DOUBLE FOND

Il te faut :

• une boîte en carton (plus grande que ton journal intime) • un morceau de carton plus grand que le fond de ta boîte • des ciseaux • un crayon.

1. Dépose ton journal dans la boîte en carton.

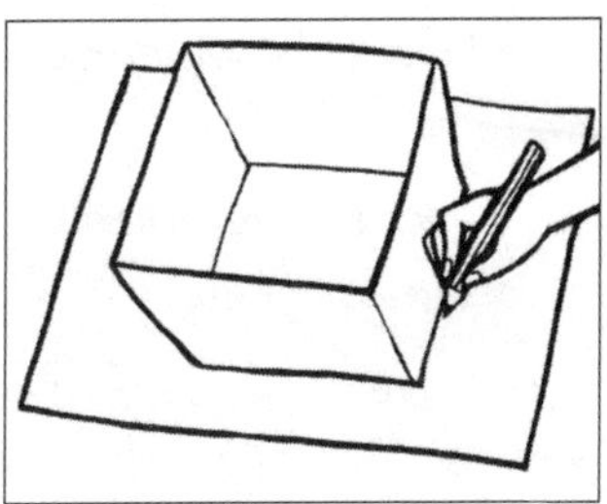

2. Place la boîte sur le morceau de carton et traces-en le contour au crayon. Mets ta boîte de côté.

3. Trace un autre rectangle à l'intérieur du premier, plus petit d'environ 5 mm (¼ po). Découpe le petit rectangle et jette le reste du carton.

4. Dépose ce morceau de carton par-dessus ton journal, au fond de la boîte.

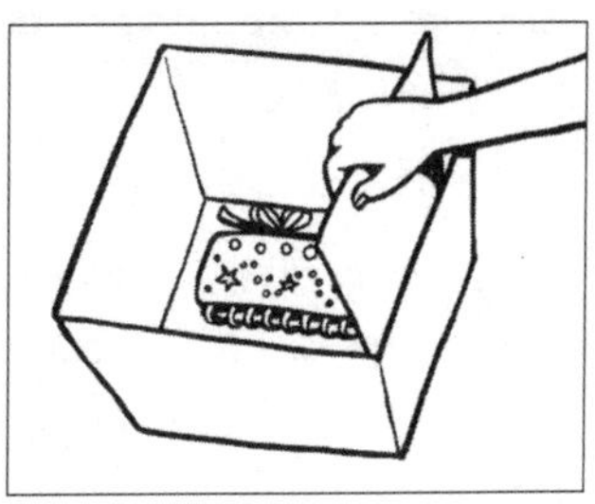

5. Enfin, remplis la boîte de vieux jouets ou de vêtements. Même si quelqu'un fouille dedans pour trouver ton journal, ce sera en vain !

COMMENT DÉCODER LE LANGAGE DE SES PARENTS

As-tu parfois l'impression que tes parents parlent un langage secret? Si tu veux savoir ce qu'ils pensent véritablement, lis ce qui suit et découvre le sens réel de leurs paroles.

Un de tes parents dit : « Tu ne vas pas encore regarder cette émission de télévision! Tu sais bien que ce n'est qu'un ramassis de bêtises! »

Il veut dire : « Je suis content que tu l'écoutes, car moi aussi, je l'aime... en secret! »

Un de tes parents dit : « C'est important que tu apprennes à faire ta lessive toi-même. »

Il veut dire : « J'ai déjà tellement de choses à faire que j'apprécie vraiment que tu me donnes un coup de main. »

Un de tes parents dit : « Je vais y penser. »

Il veut dire : « C'est non. »

Un de tes parents dit : « Me ferais-tu une tasse de thé? »

Il veut dire : « J'ai eu une grosse semaine et j'ai envie de me faire gâter pour une fois! »

Un de tes parents dit : « Si je ne t'aide pas à faire ton devoir de mathématiques, c'est que je trouve important que tu apprennes à résoudre les problèmes par toi-même. »

Il veut dire : « Si je ne t'aide pas, c'est que je suis incapable de faire une addition simple sans la calculatrice. »

Tes parents disent : « Nous avons pensé que ce serait bien pour ton frère et toi de passer du temps de qualité avec vos grands-parents le week-end prochain. »

Ils veulent dire : « Nous avons besoin d'une pause sans enfants! »

COMMENT COMBATTRE LE CAFARD

Sens-tu que ton moral est à zéro ? As-tu perdu ta gaieté ? Ne crains rien : les filles futées connaissent les moyens pour se remettre d'aplomb quand elles se sentent un peu épuisées. Voici leurs secrets.

OUI ! Gâte-toi en t'offrant un peu de chocolat. Cela stimule la production de sérotonine, une substance chimique que ton corps produit naturellement et qui t'aide à te sentir heureuse.

NON ! Ne t'empiffre pas d'aliments mauvais pour la santé. Contente-toi d'une gâterie occasionnelle : une mauvaise alimentation peut drainer toute ton énergie.

OUI ! Lance-toi dans une nouvelle activité. En t'inscrivant à une troupe de théâtre ou à un club de gymnastique, tu te feras sans doute de nouveaux amis.

NON ! Ne sois pas casanière. Rester assise chez toi ne fera qu'empirer les choses. Va au parc avec tes amies et tu te sentiras instantanément ragaillardie et prête à affronter le monde.

OUI ! Sois positive. Avec une amie, amusez-vous à dresser une liste des cinq choses que vous aimez chez l'autre : cela va te remonter le moral de constater à quel point ton amie t'estime.

COMMENT PARLER UN LANGAGE SECRET

Quoi de plus amusant que de stupéfier tes parents et tes enseignants en communiquant avec tes amies dans un langage secret ? Voici quelques langages testés et éprouvés que tes amies et toi pourrez apprendre.

LE LATINVERSÉ

Le latinversé n'a rien à voir avec le latin : c'est simplement du français, mais dont on inverse certaines lettres. C'est un code assez difficile à maîtriser, mais qui est extrêmement efficace lorsqu'il est parlé rapidement. Voici comment cela fonctionne :

• si un mot commence par une voyelle (a, e, i, o, u, y), ajoute le son « é » à la fin du mot. Par exemple, « éléphant » devient éléphanté, « idiot » devient idioté et « après-midi » devient après-midié.

• si un mot commence par une consonne (toutes les autres lettres de l'alphabet), déplace la première lettre à la fin du mot, puis ajoute le son « é ». Par exemple, « camion » devient amioncé et « balai » devient alaibé.

• si un mot commence par deux consonnes, déplace les deux lettres à la fin du mot, puis ajoute le son « é ». Par exemple, « chat » devient atché, « brillant » devient illantbré et « train » devient aintré.

Alorsé, ensespé-uté yé arriveré ?

Exerce-toi jusqu'à ce que tu sois capable de prononcer des phrases complètes sans même réfléchir. Tu pourras bientôt bavarder dans le secret le plus complet.

LE JARGON SECRET

Invente un jargon que toi et tes amies seulement comprendrez. Voici quelques exemples de mots que vous pouvez partager.

Jargon actuel	Jargon inventé
Ah! Trop pas! = Non, pas du tout, tu te trompes! Cette chanson **est vraiment hot.** = Cette chanson est excellente. **C'est laid** ce qu'il a fait. = Il a vraiment mal agi. Ce **film est poche**. = Ce film est très ennuyeux.	Je peux emprunter ton **crayon**? = Le garçon qui te plaît vient d'entrer dans la pièce! Joli **vernis à ongles**. = Attention : parent (ou enseignant) en vue! **C'est très clinquant.** = C'est un secret. Aujourd'hui, c'est vraiment un jour à **élastique à cheveux rose**. = J'ai besoin qu'on me dorlote aujourd'hui.

L'ALPHABET PHONÉTIQUE

Ce genre d'alphabet phonétique a été inventé pour aider les soldats à transmettre correctement des messages importants en temps de guerre. Dans cet alphabet, chaque lettre est représentée par un mot. Ainsi, si tu veux confier un secret à quelqu'un, épelle-le à l'aide de ces mots.

Alpha, Bravo, Charlie, Delta, Écho, Fox-trot, Golf,
Hôtel, Inde, Juliette, Kilo, Lima, Mie, Novembre, Oscar,
Papa, Québec, Roméo, Sierra, Tango, Uniforme,
Victor, Whisky, Xylophone, Yankee, Zèbre

Par exemple : Whisky, Inde, Lima, Lima, Inde, Alpha,
Mie est terriblement mignon aujourd'hui.

COMMENT GÉRER SON STRESS

Nous éprouvons de la nervosité pour toutes sortes de raisons : prendre l'avion, changer d'école, aller chez le dentiste, faire un exposé oral ou passer un examen. Voici quelques exercices que tu peux faire pour te débarrasser de tes craintes et te sentir très sûre de toi.

RESPIRE !

Nous avons souvent le réflexe de respirer trop vite lorsque nous sommes anxieux. Cela a comme effet de faire sortir trop d'oxygène du corps, ce qui accentue la nervosité et gêne la concentration. Une respiration profonde te fera sentir instantanément calme et en possession de tous tes moyens.

Alors, la prochaine fois que tu sentiras la nervosité te gagner, inspire lentement par le nez, puis expire lentement, encore par le nez. Compte « un » dans ta tête. Répète cette respiration apaisante et compte « deux ». Continue ainsi jusqu'à dix. Si tu perds le compte, recommence au début.

SERS-TOI DE TON IMAGINATION

La veille de l'événement que tu appréhendes, prends un peu de temps pour t'imaginer dans la situation qui t'attend. Si tu t'inquiètes à propos d'un examen, par exemple, imagine-toi entrant la classe avec assurance. Imagine-toi toute calme, en train de t'asseoir à ta place. Imagine-toi ravie de constater, en retournant ta copie, que tu connais la réponse à la première question! Avant le jour de l'examen, repasse-toi ce petit scénario plusieurs fois dans ta tête, chaque fois en t'imaginant très calme et pleine d'assurance. Tu vas te sentir dix fois mieux lorsque la vraie situation va enfin arriver.

DÉTENDS TON CORPS

Quand tu es nerveuse, tes muscles ont tendance à se tendre, ce qui te fait sentir encore plus mal. Pour empêcher cela, visualise chaque partie de ton corps (des orteils jusqu'à la tête) en la serrant bien fort, puis en la relâchant. Pendant que tu fais cela, répète-toi lentement et calmement « je détends mes orteils. Mes orteils sont détendus ». Puis, passe à la partie suivante en te répétant « je détends mes chevilles. Mes chevilles sont détendues », et ainsi de suite.

Prends garde de ne pas te détendre au point de t'assoupir!

COMMENT DÉCODER LES SECRETS DU LANGAGE CORPOREL

Savais-tu qu'il est possible de découvrir ce qu'une personne pense secrètement seulement en examinant sa façon d'utiliser son corps, c'est-à-dire en scrutant son langage corporel ? Le langage corporel est une façon de communiquer sans parler. Voici la signification de quelques gestes très fréquents.

LE MIROIR

Si une personne imite tes mouvements (comme si elle essayait de les copier), cela peut vouloir dire qu'elle t'apprécie et qu'elle veut te montrer qu'elle te ressemble. Cela peut aussi signifier que la personne est légèrement nerveuse en ta présence. Tâche de la mettre à l'aise (consulte la page 113 pour connaître les astuces à ce sujet).

LES BRAS CROISÉS

Si la personne à qui tu parles a les bras croisés, cela peut signifier qu'elle est fâchée ou en colère contre toi. Surveille ce que tu lui dis, car une dispute pourrait bien éclater à tout moment.

LE HOCHEMENT DE TÊTE

Une personne qui incline la tête te montre inconsciemment qu'elle n'est ni dangereuse ni menaçante. On remarque souvent ce geste chez une mère qui parle à son jeune enfant. Le hochement de tête peut aussi signifier que ce qui est dit ne doit pas être pris au sérieux : cette personne s'amuse avec toi.

LES PAUMES OUVERTES

Si une personne te parle en te présentant ses paumes grandes ouvertes, cela signifie habituellement qu'elle est franche et honnête. Si elle garde ses paumes écartées, mais que ses doigts se touchent, cela veut dire qu'elle essaie de te rassurer à propos de ce qu'elle raconte.

LE CONTACT VISUEL

Entrer en contact visuel avec une personne (c'est-à-dire la regarder dans les yeux) équivaut à lui dire que tu te sens bien avec elle. Si une personne fuit sans cesse ton regard, tu devrais peut-être te méfier de ce qu'elle raconte. (Consulte la page 111 pour découvrir d'autres procédés permettant de savoir si quelqu'un te ment.)

COMMENT SE DÉGUISER POUR PASSER INAPERÇUE

Si tu prévois jouer au jeu de l'espionne (voir aux pages 34 et 36) avec des amies qui te connaissent très bien, tu ferais mieux de te déguiser pour les suivre à la trace sans te faire repérer. Voici quelques pièges et astuces concernant l'art de se déguiser.

NON ! N'achète pas un déguisement du genre « fausse moustache et lunettes » dans un magasin de farces et attrapes. Avec un tel costume, tu risques davantage de te faire repérer dans une foule.

OUI ! Si tu as les cheveux longs, coiffe-les en deux tresses et remonte-les pour les cacher sous un chapeau. Si tu as les cheveux courts, pourquoi ne pas porter une perruque qui semble réaliste ? Tu en trouveras dans les boutiques spécialisées.

NON ! Ne porte aucun vêtement ou accessoire auquel les gens t'associent, comme ta veste à capuchon préférée ou tes nouvelles ballerines. Même le fait de porter tes chaussettes à rayures griffées risquerait de révéler ta présence à tes amies.

OUI ! Porte un accessoire qui va détourner l'attention de ton visage. Utilise un parapluie par temps pluvieux ou un grand chapeau

par temps très chaud. Ces accessoires conviennent tout à fait, car tu peux te cacher derrière eux.

NON ! Ne garde pas ta démarche habituelle, car on reconnaît souvent les gens à leur façon de bouger. Ne te mets pas à boiter pour autant, car cela éveillerait les soupçons et te ferait repérer. Adopte plutôt une démarche rapide si tu as l'habitude de marcher lentement et vice versa.

OUI ! Enroule une écharpe autour de ton cou et remonte-la pour qu'elle couvre tout le bas de ton visage. Choisis une écharpe qui convient à la saison : une écharpe de laine paraîtra bizarre par temps chaud. Durant la saison chaude, enveloppe toute ta tête d'un fichu de coton, en prenant soin de ne pas masquer tes yeux pour bien voir.

NON ! N'éveille pas les soupçons en agissant comme une fille maladroite dans ton déguisement. Quand on porte un déguisement, il faut le faire avec panache et assurance.

OUI ! Utilise du maquillage pour modifier ton visage. Ajoute des taches de rousseur à ton nez et tes joues en traçant des petits points à l'aide d'un crayon brun pâle pour les yeux ou alors dessine-toi un faux grain de beauté avec un crayon brun foncé pour les yeux.

COMMENT JOUER AUX SURPRISES MYSTÈRES LORS D'UNE SOIRÉE-PYJAMA SECRÈTE

Le jeu des surprises mystères est une version d'un jeu souvent joué à l'occasion de Noël. Dans ce jeu, chaque participante reçoit un cadeau, mais ignore l'identité de la donneuse. Dans les surprises mystères, tout le monde reçoit une surprise et un soin personnalisé.

AVANT L'ARRIVÉE DE TES INVITÉES

Demande à chacune d'apporter une petite surprise, c'est-à-dire un objet dont elle ne veut plus, mais qui est charmant et encore en bon état. Cela peut être, par exemple, un jeu ou un vêtement.

Découpe de petits bouts de papier : deux pour chaque personne qui sera présente à ta soirée. Écris le nom de chaque invitée sur un bout de papier. Plie tous les bouts de papier plusieurs fois pour que ce soit impossible de voir les noms. Dépose les papiers dans un bol ou un chapeau.

Sur les autres bouts de papier, décris les soins personnalisés qui seront donnés à chaque invitée (un soin par papier). Plie-les, eux aussi, et dépose-les dans un autre bol ou un autre chapeau. Voici quelques idées de soins à offrir :

• tresse française • massage du dos • manucure ou pédicure (incluant l'application d'un vernis à ongles) • métamorphose • bonne aventure massage de tête • masque facial

Dans une boîte, mets tous les articles dont vous aurez besoin pour vous bichonner, par exemple du vernis à ongles (plusieurs teintes), du maquillage et des pinceaux, une brosse à cheveux et des élastiques, un masque de beauté, etc.

DÉROULEMENT DU JEU

Une fois que ta soirée-pyjama est bien amorcée, annonce à tes amies que tu as un nouveau jeu à essayer. Sors tes deux bols ou tes deux chapeaux. Chaque invitée doit piger un papier dans chaque récipient. (Si jamais une invitée pige son propre nom, elle doit piger à nouveau et remettre son nom dans le bol ou le chapeau.)

Ensuite, chaque invitée lit le nom et le soin qu'elle a pigés. La personne nommée doit remettre sa surprise et donner le soin de beauté à celle qui l'a pigée. Ainsi, chacune est certaine de recevoir un merveilleux cadeau et un soin personnalisé.

COMMENT ÊTRE UNE BONNE PERDANTE

Si tu as déjà été battue à plates coutures à ton sport préféré, tu sais à quel point il est difficile de se retrouver dans le camp des perdants. Résiste à la tentation de taper du pied et de crier ta frustration, car cela te ferait vite perdre l'estime de tes amies. Au lieu de cela, apprends les secrets pour perdre tout en restant élégante.

LORS D'UN CONCOURS ARTISTIQUE

Es-tu déjà arrivée dernière dans un concours artistique ? Rien ne sert de critiquer l'œuvre gagnante : cela ne ferait que te faire paraître amère. Trouve plutôt trois qualités à l'œuvre gagnante et discutes-en avec les gens qui t'entourent. Écoute les commentaires des juges à propos de ton travail et prends-en notre pour la prochaine fois. Te promettre à toi-même de participer au concours l'an prochain est une bonne façon de te stimuler à améliorer ta technique. Tirer des leçons d'un échec t'aidera à réussir dans l'avenir.

LORS D'UN MATCH IMPORTANT

Si tu perds lors d'un événement sportif ou d'un match important (une partie de basket-ball contre une autre école par exemple), exprime ton respect aux membres de l'équipe gagnante en serrant la main de chaque joueuse, même si tu n'en as pas envie. C'est une façon de leur montrer que tu admires leur talent et que tu reconnais leur réussite.

SOIS UNE GAGNANTE

Sois critique envers toi-même et prends le temps d'analyser ce que tu as fait de travers. S'il s'agissait d'une compétition de danse, par exemple, t'étais-tu suffisamment exercée ? T'es-tu couchée trop tard la veille de l'événement, ce qui t'a occasionné de la fatigue ?

Perdre est une bonne chose parfois. Les gens qui remportent les plus grands prix ne gagnent pas tous les concours auxquels ils participent. Ils ont subi plusieurs échecs et ils en sont sortis plus forts, ce qui leur a permis d'atteindre leur but : faire partie des meilleurs.

Gagner n'est pas tout ce qui compte : participer est tout aussi important. La tournure que prend le concours n'a pas d'importance si tu t'es amusée. Dis-toi qu'il y aura toujours une prochaine fois...

COMMENT COMMUNIQUER DANS LE NOIR

On utilise le code morse pour transmettre des messages sur de longues distances. C'est aussi un moyen efficace pour envoyer des messages secrets dans le noir ou au téléphone. Si l'une de tes amies habite assez près de chez toi pour que tu voies la fenêtre de sa chambre, pourquoi ne pas utiliser le code morse pour lui parler?

FONCTIONNEMENT

Avec une lampe de poche, épelle les lettres d'un message secret en utilisant l'alphabet du code morse ci-dessous. Chaque lettre de l'alphabet est représentée par une combinaison unique de points ou de points et de traits. Allume et éteins rapidement ta lampe de poche pour représenter un point et fais-le plus lentement pour représenter un trait. Si tu n'as pas de lampe de poche, tu peux allumer et éteindre la lumière de ta chambre.

A ._	J .___	S ...	2 ..___
B _...	K _._	T _	3 ...__
C _._.	L ._..	U .._	4 ...._
D _..	M __	V ..._	5 .....
E .	N _.	W .__	6 _....
F .._.	O ___	X _.._	7 __...
G __.	P .__.	Y _.__	8 ___..
H	Q __._	Z __..	9 ____.
I ..	R ._.	1 .____	0 _____

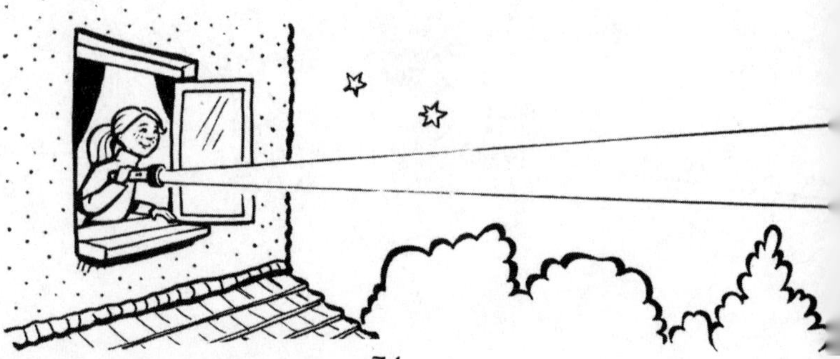

Entre chaque mot d'un message, éteins la lampe assez longtemps pour répéter cinq fois le mot « tic » dans ta tête.

Conseil : Pour garder une certaine régularité dans tes signaux, prononce mentalement le mot « tic » pour chaque point (éteins la lampe quand tu as fini de dire « tic ») et « tacatac » pour chaque trait.

TRANSMETTRE UN MESSAGE EN CODE MORSE

Recopie le code morse ci-dessous sur une feuille et donne-la à ton amie. À 21 h 50 pile, envoie-lui un courriel vide pour t'assurer qu'elle est prête à recevoir ton message. Si elle répond « oui », va à la fenêtre de ta chambre et transmets-lui le message ci-dessous (les barres obliques isolent chaque lettre, les parenthèses isolent chaque mot).

(. _ _ _/.) (. . . _/./. . _/_ . . _) (_/.) (_ . _ ./_ _ _/_ ./. . _
./. ./ ./. _ .) (. . _/_ .) (. . ./ ./_ . _ ./. _ ./ ./_).

Solution : Je veux te confier un secret.

Au parc, tu peux aussi t'exercer à transmettre un message en code morse à l'aide d'un sifflet. Siffle un coup bref pour représenter un point et un coup plus long pour représenter un trait.

COMMENT PRÉSENTER SES EXCUSES

Ce n'est pas facile de s'excuser, car c'est admettre qu'on s'est trompé. Si tu veux présenter tes excuses à quelqu'un et lui montrer tout le sérieux de ta démarche, prends le temps de trouver une façon originale de lui avouer tes torts. Ce geste hors de l'ordinaire lui prouvera à quel point tu es sincère. Voici quelques idées pour t'inspirer.

Fais une affiche

Rédige un message d'excuses en grosses lettres sur un grand carton, par exemple : « Cher papa, je suis désolée ! Je t'aime. (ton nom) » Accroche ton affiche dans un endroit où ton père la trouvera par surprise. Cela peut être sur la barrière de la cour qu'il franchit en partant travailler, par exemple, ou près du miroir de la salle de bain qu'il utilise pour se raser le matin.

Le plus gros pardon du monde

Écris le mot « PARDON » en grosses lettres à l'aide de matériaux inusités. Tu peux te servir de pierres ou de branches pour tracer le mot sur le gazon ou encore, de coquillages et d'algues si tu es à la mer. Tu peux aussi te servir d'articles de cuisine, comme des ustensiles ou des bouchons de bouteilles que tu disposes sur la table de la cuisine pour exprimer tes excuses.

Écris un poème

Fais rire la personne en lui offrant une carte contenant un petit mot d'excuses en rimes. Enjolive le dessus de la carte à l'aide de stylos à l'encre scintillante, si tu en as. À l'intérieur, rédige un poème dont la première lettre de chaque ligne forme le mot « pardon ».

Petite maman chérie,
Accepte les excuses que je viens te présenter.
Rassure-moi, je t'en prie,
Dis-moi que tu as déjà tout oublié.
Oh! et nous pourrions même, si tu en as envie,
Nous réconcilier autour d'une crème glacée!

Tu peux aussi choisir de faire rire la personne en rédigeant des vers amusants.

Je t'envoie ce mot pour te faire rire
Et pour que tu me pardonnes enfin
Ces choses que j'ai pu faire ou dire
Et qui t'ont causé du chagrin.

COMMENT CODER SES MESSAGES

❸●♏♍♦❒❒■♓◎◆♏⬧

C'est facile d'envoyer des messages secrets par courriels. Pour vous assurer, tes amies et toi, que vos messages demeurent parfaitement confidentiels, adoptez l'un des codes décrits ci-dessous.

CONVERSATIONS CODÉES

Voici quelques techniques :

• écris la phrase à reculons pour semer la confusion chez quiconque irait fureter dans ta messagerie électronique, par exemple : « Courriels par secrets messages des envoyer d' facile est c'. »

• camoufle le sens véritable de tes messages en concevant un code, comme celui-ci, que tu feras circuler parmi tes amies.

1. Un message vide signifie : « J'ai un secret à te confier. Viens chez moi dès que tu pourras. »

2. Un message contenant seulement la lettre « X » signifie qu'il y a une réunion secrète d'urgence après l'école.

3. Un message contenant deux points d'exclamation signifie : « Je me sens triste aujourd'hui et j'ai besoin de réconfort. »

4. Un message contenant six fois la lettre « O » signifie : « Je t'ai acheté un cadeau. »

5. Un message vide envoyé à 21 h 50 pile signifie : « Es-tu debout? Je vais t'envoyer un message en code morse, alors va à la fenêtre de ta chambre. » (Consulte les pages 74 et 75 pour savoir comment communiquer à l'aide du code morse.)

BIZARRERIES GRAPHIQUES

Si tu veux envoyer un courriel ou tenir ton journal intime sur l'ordinateur, déforme les mots en utilisant une police bizarre. Lis ce qui suit pour savoir comment t'y prendre.

Tape ton message normalement. Sélectionne tous les mots avec la souris, puis choisis la police « Wingdings » (ou n'importe quelle autre police faite de symboles). Ton message aura l'air d'une étrange suite de symboles.

«Veux-tu venir promener mon chien avec moi cet après-midi ? » devient :

✞♏◆⌧📭⧫◆ ❖♏■♓❒ ◻❒□❍♏■♏❒ ❍□■ ♍♒♓♏■ ♋❖♏♍ ❍□♓ ♍♏⧫ ♋◻❒❹⬧📭❍♓♎♓✍

Pour lire ton message, ton amie devra sélectionner le texte à l'aide de la souris et changer la police de caractères pour une qui est lisible, comme « Times New Roman » ou « Gill Sans MT ».

BINETTES

La plupart des téléphones cellulaires offrent la possibilité de créer des visages à l'aide de caractères ou d'en sélectionner qui sont dessinés. On nomme ces dessins « binettes », parce qu'ils ajoutent de l'émotion à tes messages. Dans le langage familier, on les appelle aussi « émoticônes ». Invente tes propres binettes secrètes et partage-les avec tes amies. En voici quelques-unes. Tu dois les regarder de côté pour comprendre l'image qu'elles représentent.

10/10 = Bravo pour ton résultat à l'examen!

(::()::) = Je serai toujours là pour toi.

:-§ = Pas un mot, c'est un secret.

8-] = Je le trouve très mignon.

:-@ = Mon petit frère m'exaspère.

({) = J'ai envie de te faire un gros câlin.

:'-) = Cette blague me fait pleurer de rire.

COMMENT COMPRENDRE LES ENSEIGNANTS

Essaies-tu désespérément de t'attirer les bonnes grâces de tes enseignants sans y parvenir? Voici un petit guide pour décoder ce qui se passe véritablement dans leur tête.

LIRE ENTRE LES LIGNES

Tes enseignants disent: «J'ai un projet intéressant à vous proposer pour bien commencer la journée!»

Ils veulent dire: «Vous allez passer la matinée à faire le ménage de l'armoire.»

Tes enseignants disent: «J'ai pensé que nous pourrions faire un peu de lecture en silence cet après-midi.»

Ils veulent dire: «J'ai mal à la tête et j'ai besoin que vous vous teniez tranquilles aujourd'hui.»

Tes enseignants disent: «Je ne le répéterai plus.»

Ils veulent dire: «Je ne veux pas me retrouver à répéter ceci quatre fois juste parce que la moitié d'entre vous n'écoute pas.»

Tes enseignants disent: «Et si on regardait tous ensemble ce que l'ordinateur propose comme réponse?»

Ils veulent dire: «J'ignore totalement la réponse!»

Tes enseignants disent: «Aujourd'hui, nous allons regarder un film.»

Ils veulent dire: «J'ai oublié mon plan de cours à la maison.»

Tes enseignants disent: «Je ne me serais jamais comporté ainsi quand j'étais élève.»

Ils veulent dire: «Je ne me souviens plus vraiment de mes années d'études.»

LA FAVORITE DU PROFESSEUR

Si tu as déjà une bonne relation avec ton professeur, mais que tu n'as pas envie d'être étiquetée comme son « étudiante favorite », lis bien les conseils qui suivent :

• change chaque jour de place dans la classe. Tu n'as pas besoin d'être assise juste à côté de ton enseignant pour répondre aux questions et t'impliquer activement dans le cours.

• laisse tes compagnons de classe répondre à quelques questions... même si tu connais toutes les réponses. De toute façon, en corrigeant ton devoir, ton enseignant va constater que tu les connais toi aussi.

• n'hésite pas à lever la main et à demander à ton professeur d'expliquer à nouveau une notion que tu n'as pas comprise. Tes amies seront impressionnées par ton honnêteté et reconnaissantes que tu leur permettes d'entendre l'explication une autre fois.

COMMENT ÉCRIRE À L'ENCRE INVISIBLE

Lance-toi dans l'écriture de messages à l'encre invisible que seulement tes amies sauront rendre visibles. Utilise chaque fois une nouvelle méthode afin de décourager les petits curieux qui croiront avoir découvert comment les faire apparaître.

MOTS À L'EAU

1. Trempe une feuille de papier dans l'eau et pose-la sur la table.
2. Dépose délicatement une feuille de papier sèche sur la feuille mouillée.
3. Avec un stylo à bille, écris ton message sur la feuille sèche.

4. Retire la feuille sèche et mets-la dans le bac de recyclage. Laisse sécher la feuille du dessous.
5. Quand la feuille est complètement sèche, donne-la à ton amie. Explique-lui ce qu'elle a à faire pour voir apparaître ton message secret : elle doit mouiller la feuille à nouveau. Le tour est joué!

RÉACTION CHIMIQUE

1. Mélange un volume égal d'eau et de bicarbonate de soude dans un bol.

2. Trempe un cure-dents dans le mélange et utilise-le comme un crayon pour rédiger ton message secret sur une feuille de papier blanc.

3. Envoie à ton amie un message ne contenant qu'un seul mot: «raisin». Elle comprendra qu'elle doit «peindre» ton message avec un peu de jus de raisin pour le faire apparaître (tu peux acheter quelques contenants de jus de raisin au supermarché). Ce sont les substances chimiques présentes dans le bicarbonate de soude et dans le jus de raisin qui réagissent au contact l'une de l'autre et qui font brunir l'encre invisible de ton message.

CODE CACAO

1. Rédige ton message sur une feuille blanche et sers-toi du bout d'une chandelle blanche en guise de crayon.

2. Envoie un message à ton amie avec le mot «cacao». Pour faire apparaître le message, elle devra saupoudrer une fine couche de poudre de cacao sur le papier et ensuite la balayer. Le message apparaîtra comme par magie.

COMMENT ÊTRE UNE « GAGNANTE »

La plupart des gens qui réussissent dans la vie ont une attitude mentale positive qui les aide à se hisser au sommet. Pendant que d'autres se demandent ce qu'ils vont regarder à la télévision ce soir, les « gagnants », eux, travaillent plutôt à leurs succès futurs. Lis ce qui suit pour comprendre le secret de leur succès.

PENSÉE POSITIVE

Croire au pouvoir de la pensée positive, c'est croire en ta capacité de gagner, de réussir. Commence à penser positivement et tu passeras plus de temps à voir les premiers prix s'accumuler sur tes tablettes qu'à regarder la télévision.

Par exemple, si tu es déterminée à remporter la « course à trois pieds » lors de la fête des sports de l'école, réfléchis aux raisons qui te motivent à gagner. Écris-les. C'est peut-être parce que tu remporterais cette course pour la cinquième année d'affilée ou encore parce que tu n'as jamais rien gagné de ta vie. Ou alors, peut-être as-tu envie de gagner quelque chose avec ta meilleure amie et de vivre avec elle une expérience inoubliable ?

La veille de la course, étends-toi et concentre-toi très fort. Visualise les raisons qui te motivent à gagner la course en te concentrant sur chacune d'elle, une à une. Imagine-toi avec ton amie en train de franchir le fil d'arrivée loin devant vos adversaires et de recevoir un trophée. Le jour de la course, tu seras tellement motivée que tu pourrais bien avoir tout ce qu'il faut pour gagner.

PARTICIPE POUR GAGNER

Les gagnants ne fuient jamais la compétition. Ils participent à divers événements avec la conviction que la victoire est à leur portée. Alors, la prochaine fois que ton amie te demandera de participer au concours scientifique de l'école, accepte, même si tu sais que les grandes de la classe supérieure participent elles aussi. On ne sait jamais, les juges seront peut-être indifférents au genre de travaux qu'ils voient année après année. Dans ce cas, ils pourraient bien être impressionnés par votre présentation orale au point de vous accorder la première place.

NE SUIS PAS LE COURANT

Au lieu de faire les choses comme tout le monde les a faites avant eux, les gagnants cherchent souvent à se lancer un nouveau défi et à faire les choses autrement.

Il est donc temps que tu cesses de suivre le courant. Par exemple, tes amies se sont-elles déjà plaintes qu'il n'existait aucun endroit où aller après l'école ? Tu pourrais monter un projet de maison des jeunes dans ta communauté. Soumets ton projet au conseil municipal de l'endroit où tu habites. Le conseil sera peut-être tellement impressionné par ton initiative qu'il acquiescera à ta demande. Pense à de gros projets. Pense à des idées originales. Pense comme une gagnante.

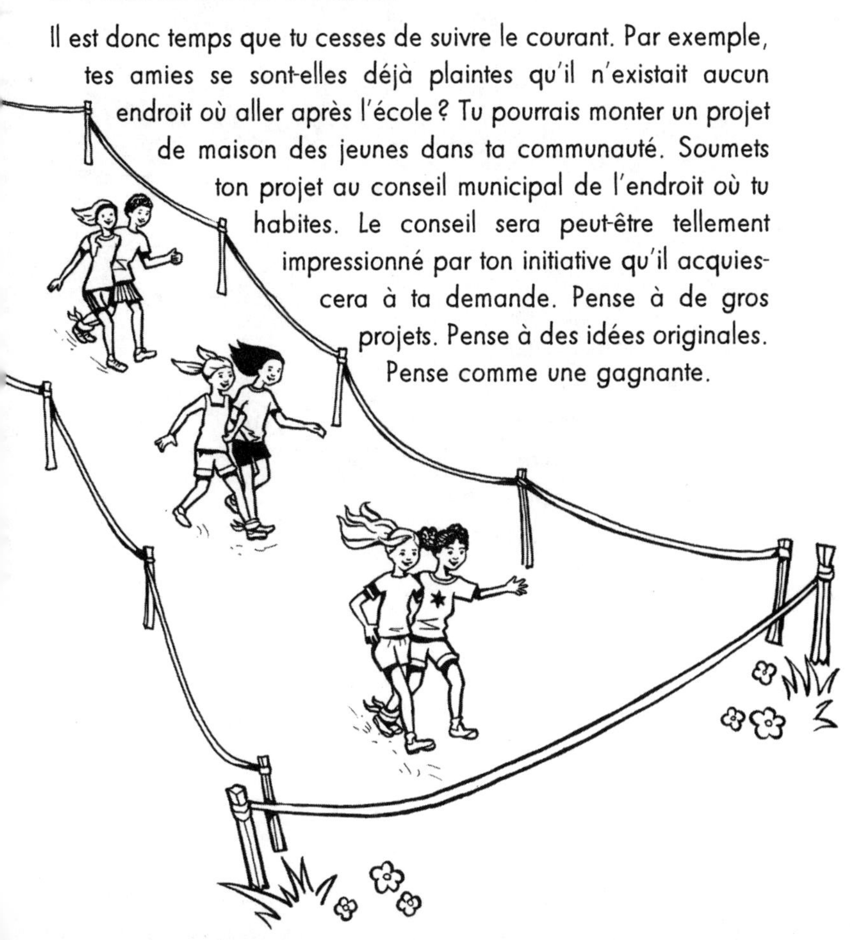

COMMENT DEVINER LE CARACTÈRE D'UNE PERSONNE GRÂCE À SON ÉCRITURE

Pour découvrir la véritable nature de tes amies, jette un coup d'œil à leurs devoirs. Leur type d'écriture peut révéler de grands secrets sur leur personnalité.

Grosses lettres

C'est le signe d'une fille ouverte et confiante : c'est du moins l'impression qu'elle veut donner, mais ce n'est peut-être qu'une apparence.

abcdef

abcdef

Lettres droites

Cette personne est heureuse lorsqu'elle est seule et elle supporte bien la pression.

Lettres inclinées à gauche
On peut reprocher à cette personne d'être très discrète et de se couper des autres.

abcdef

Petites lettres
Cette personne aime réfléchir sur la vie et elle réussit bien à l'école. Elle peut être plutôt timide ou réservée.

abcdef

Écriture négligée
Cette personne a parfois de la difficulté à se concentrer et est souvent perdue dans ses pensées.

abcdef.

Écriture soignée
Cette fille soi-disant attentionnée et fiable n'est peut-être pas ce qu'elle prétend. Au fond, elle est peut-être très dissipée!

abcdef

Lettres inclinées à droite
Cette personne aime communiquer avec les autres et adore faire la fête.

abcdef

COMMENT RÉUSSIR SES PRÉSENTATIONS ORALES

Parler devant un auditoire, que ce soit en classe, lors d'un concours ou devant tous les élèves de l'école, est une expérience assez stressante pour affoler n'importe qui. Les orateurs expérimentés connaissent certaines astuces pour charmer leur auditoire et capter son attention.

LES SECRETS D'UNE BONNE PRÉSENTATION

Voici quelques secrets que tout orateur devrait connaître.

Contact visuel

Fixer un point au loin pendant que tu lis ta présentation donnera l'impression à ton auditoire que tu n'es pas consciente de sa présence. Établis plutôt un contact visuel avec différentes personnes dans la salle pendant ta présentation afin de leur montrer que tu es en interaction avec elles.

Projette ta voix

Lorsque tu t'adresses à un grand nombre de personnes, que ce soit dans une grande salle ou un amphithéâtre, tu dois « projeter » ta voix pour te faire entendre. Cela ne veut pas dire que tu dois te mettre à crier, mais simplement que tu dois parler plus fort. Exerce-toi à le faire à la maison avant.

Fascine ton auditoire

Assure-toi de connaître ton texte par cœur. Pour un effet maximal, récite ta présentation avec lenteur et contrôle : ton auditoire sera fasciné et boira tes paroles.

Nuance ta voix

Ne parle pas sur le même ton du début à la fin. Parle plus bas ou plus fort pour mettre en valeur certains passages de ton texte. Cela aide à attirer l'attention de l'auditoire sur certaines parties de ton discours.

Prépare-toi des aide-mémoire

Ne rédige pas un long texte détaillé que tu vas lire, la tête penchée sur ton papier. Prépare-toi plutôt des aide-mémoire. Découpe plusieurs cartons environ de la même dimension que la paume de ta main. Utilise-les pour écrire les points principaux de ta présentation en prenant soin d'y ajouter les mots-clés et les phrases importantes qui t'aideront à te souvenir de ce que tu voulais dire à propos de chaque point. Pendant que tu parles, lève les yeux vers ton auditoire et ne jette un coup d'œil à tes cartons que pour te rafraîchir la mémoire au besoin.

Fais-les rire

Une blague va réveiller ton auditoire et faire en sorte qu'il s'intéresse à ce que tu as à dire. Essaie de trouver deux bonnes blagues ayant un lien avec ton sujet et glisses-en une au début de ta présentation; garde l'autre pour la fin.

COMMENT SE CRÉER UN COIN SECRET

Un coin secret, c'est l'endroit idéal pour tenir des réunions secrètes avec tes amies. Découvre comment te créer ton propre coin secret.

DES LIEUX DIVERS

Il existe des coins secrets en tous genres et de toutes les dimensions. Tu peux facilement convertir l'un des endroits suivants en une cachette assez grande pour accueillir tes amies : un placard sous un escalier, une grande penderie rarement utilisée, un sous-sol, le pied d'un arbre aux branches basses ou l'espace derrière les buissons dans le fond de ta cour.

Les cachettes simples n'ont besoin que de murs. Si tu es dehors, étends un vieux drap par-dessus deux arbustes et recouvre-le de branchages pour le camoufler. Si ta cachette est à l'intérieur, tends un drap à partir du dossier d'un canapé et maintiens l'autre bout par terre à l'aide de coussins.

L'ABC D'UNE BONNE CACHETTE

1re RÈGLE : C'est un secret. Une bonne cachette ne doit être ni à la vue des passants ni accessible aux jeunes curieux de la famille.

2e RÈGLE : N'établis jamais ta cachette dans un lieu qui pourrait être dangereux : un coin isolé en forêt, par exemple, n'est pas indiqué.

3e RÈGLE : Garde l'entrée de ta cachette petite : c'est une excellente façon d'empêcher les adultes d'y entrer.

4e RÈGLE : Ne révèle l'emplacement de ta cachette qu'à tes meilleures amies : ainsi, le lieu restera secret plus longtemps.

DÉCORE TA CACHETTE

Voici une idée pour transformer ta cachette en une scintillante caverne d'Ali Baba.

Il te faut :

• un rouleau de corde • un assortiment de coquillages, de paillettes, de boutons, de choses brillantes, de perles, de vieux disques compacts, d'emballages de friandises et de capsules de bouteilles • des ciseaux de couturière • des morceaux de tissus aux couleurs vives

1. Coupe six bouts de corde de 1 mètre. Fais un bon nœud au bout de chacune et enfiles-y une grosse perle pour solidifier le tout. Coupe une autre corde d'environ 5 mètres.

2. Perce les capsules de bouteilles et enfile-les sur les ficelles courtes en alternant avec les boutons, les coquillages, les perles, les paillettes et toutes les petites choses brillantes que tu as sous la main. Mets chaque ficelle décorée de côté.

3. Découpe des bandes de tissu d'environ 1 m sur 15 cm. Fais un petit trou à l'une des extrémités de chaque bande de tissu et passes-y une cordelette que tu noueras de manière à former un anneau. Ces anneaux te permettront ensuite d'enfiler les bandes de tissu sur ta longue corde.

4. Attache la longue corde entre deux points à environ 1 mètre de hauteur. Enfiles-y les bandes de tissu et les ficelles décorées pour former un rideau original.

COMMENT PERCER LES SECRETS DE SON SIGNE ASTROLOGIQUE

Ton signe astrologique est déterminé par ta date de naissance. Il peut révéler plusieurs secrets à propos de toi, de tes goûts et de ton genre de personnalité.

BÉLIER : 21 MARS – 20 AVRIL

Tu es compétitive et tu veux réussir tout ce que tu entreprends. Tu as beaucoup d'énergie et tu l'utilises pour encourager tes amies à s'amuser.

Secret astrologique : Tu peux être un peu autoritaire à tes heures.

TAUREAU : 21 AVRIL – 21 MAI

Tu aimes épargner ton argent de poche et l'utiliser avec sagesse. Bonjour les soldes!

Secret astrologique : Tu peux te montrer obstinée parfois.

GÉMEAUX : 22 MAI – 21 JUIN

Comme tu adores parler, on te retrouve soit en train de papoter avec une amie, soit en train de bavarder au téléphone.

Secret astrologique : Tu as tendance à changer d'idée souvent.

CANCER : 22 JUIN – 21 JUILLET

La famille et la maison comptent beaucoup pour toi. Tu te sens bien avec ta mère ou encore dans ta chambre parmi tes affaires.

Secret astrologique : Tu as parfois de la difficulté à exprimer tes émotions et tu peux souffrir du mal du pays.

LION : 22 JUILLET – 22 AOÛT

Tu es une grande comédienne ! Tu as probablement un talent particulier ou un passe-temps qui t'assure d'avoir beaucoup d'attention. Tes amies apprécient ta compagnie.

Secret astrologique : Tu peux être un peu vantarde et tu trouves difficile d'être dans l'ombre d'une autre personne.

VIERGE : 23 AOÛT – 21 SEPTEMBRE

Tu aimes te sentir en excellente forme et tu manges tes cinq portions de fruits et de légumes chaque jour. Tu es une organisatrice-née et tu égares rarement tes affaires.

Secret astrologique : Tu as tendance à critiquer tes amies qui sont moins organisées que toi.

BALANCE : 22 SEPTEMBRE – 22 OCTOBRE

Tu es inséparable de ta meilleure amie, ta complice de toujours. Tu es une pacifiste et tu détestes voir les gens se disputer.

Secret astrologique : Tu t'impliques trop dans les problèmes des autres et tu te fâches assez facilement.

SCORPION : 23 OCTOBRE – 21 NOVEMBRE

Ce livre est fait sur mesure pour toi, Mademoiselle Scorpion, car tu adores les secrets et tu es excellente pour les garder. Tu sais ce que tu veux dans la vie.

Secret astrologique : Ta grande détermination à obtenir ce que tu désires peut parfois effrayer certaines personnes.

SAGITTAIRE : 22 NOVEMBRE – 21 DÉCEMBRE

Tu t'intéresses à tout ce que la vie a à offrir. Tu adores les nouvelles aventures, tu as une attitude positive et tu ne te fais pas souvent de mauvais sang.

Secret astrologique : Tu es parfois trop accaparée par tes projets pour t'intéresser aux autres.

CAPRICORNE : 22 DÉCEMBRE – 20 JANVIER

Tu es une travailleuse infatigable qui aime se fixer des objectifs et les atteindre. Tu es contente d'aider tes amies avec leurs devoirs et d'expliquer des choses aux gens.

Secret astrologique : Tu es parfois d'humeur changeante et tu as tendance à être trop dure avec toi-même quand tu n'atteins pas ton but.

VERSEAU : 21 JANVIER – 18 FÉVRIER

Tu as souvent des idées différentes de celles de tes amies. Tu aimes te démarquer en portant des tenues inusitées.

Secret astrologique : Tu as de la difficulté à respecter les règles ou à faire partie d'une équipe.

POISSONS : 19 FÉVRIER – 20 MARS

Tu as un don étrange pour prédire l'avenir. Tu aimes aussi les activités artistiques, comme le dessin et l'écriture.

Secret astrologique : Tu es reconnue pour avoir parfois tendance à exagérer.

COMMENT SE FAIRE DE NOUVEAUX AMIS

As-tu déjà eu envie de te présenter à un nouveau cercle de jeunes, mais tu t'es découragée à la dernière minute ? Cela paraît parfois effrayant de nouer de nouvelles amitiés. Voici quelques façons de t'assurer de faire une excellente première impression et même de te faire des amis pour la vie.

Tends l'oreille

Avant d'aborder un nouveau groupe de jeunes, tâche d'entendre de quoi ils parlent. Prépare mentalement quelque chose d'intéressant à dire sur ce sujet. Si, par exemple, ils discutent de leurs jeux de ballon préférés, essaie de te souvenir de ce nouveau jeu que tu as appris pendant les vacances. Ensuite, rejoins-les et parle-leur de ton jeu. Tu peux même leur offrir de leur montrer à y jouer!

Pose des questions

Les gens aiment qu'on leur pose des questions : c'est la preuve qu'on s'intéresse à eux. Évite de poser des questions auxquelles on répond par oui ou par non, car elles n'aideront pas à lancer

la discussion. Ainsi, au lieu de demander « aimez-vous l'équitation ? » demande-leur plutôt « qu'est-ce qui vous plaît le plus dans l'équitation ? ».

Suggère des idées amusantes

Les gens seront intéressés à devenir tes amis s'ils jugent que tu as des idées d'activités originales et amusantes. Tu peux, par exemple, leur proposer d'organiser une promenade en patins à but caritatif au parc du quartier ou leur demander qui serait intéressé à former un club secret (voir les pages 43 et 45).

Fais des compliments

Faire un compliment est une excellente façon d'amorcer une conversation, car cela flatte les gens. Tu peux, par exemple, dire à quelqu'un que tu aimes son tee-shirt et lui demander où il l'a acheté. Toutefois, n'abuse pas des compliments, car si tu en fais trop, les gens vont penser que tu mens.

Accepte les invitations

Si l'on t'invite quelque part, accepte même s'il s'agit d'une activité que tu ne ferais pas normalement. Tu augmentes ainsi tes chances de rencontrer un nouveau cercle d'amis. Par exemple, accepte d'aller au cinéma même si le film n'est pas celui que tu aurais aimé voir.

COMMENT LAISSER UN MESSAGE SECRET POUR L'AVENIR

Que dirais-tu de cacher une boîte remplie de secrets qui ne serait découverte que dans plusieurs années? Cela s'appelle une capsule temporelle et voici comment en faire une.

Il te faut :

• un gros récipient • une boîte de biscuits vide en fer blanc ou une boîte de rangement en plastique munie d'un couvercle • du ruban-cache • de la peinture acrylique et des pinceaux • un stylo • des articles personnels (consulte la page ci-contre pour des idées)

1. Décore ta capsule de fleurs, d'étoiles ou de motifs qui te plaisent. Avec un marqueur à l'encre permanente, inscris sur le couvercle : « Ne pas ouvrir avant 2050 (ou toute autre année de ton choix). »

2. Laisse ta boîte magnifiquement décorée sécher complètement.

3. Prends le temps de réfléchir aux articles que tu veux mettre dans ta capsule. Que révèlent-ils à ton sujet? Que signifieront-ils à la personne qui les découvrira un jour? Voici quelques idées :

- le gros titre d'un journal relatant ce qui se passe dans le monde.
- des photos de tes amies et toi.
- des images de magazines représentant ton film préféré et tes chanteurs favoris.
- des découpures de catalogues illustrant le genre de vêtements que tu aimes porter.
- une lettre de toi expliquant qui tu es et ce à quoi ressemble ta vie.

4. Ferme le couvercle de ta capsule temporelle et scelle-la à l'aide du ruban-cache ou d'une colle forte.

CACHER TA BOÎTE AUX TRÉSORS

Dissimule ta capsule temporelle dans un endroit où elle pourra rester cachée pendant de nombreuses années. Tu peux, par exemple, creuser un trou dans le parterre de fleurs ou la mettre au fond d'un placard rarement utilisé. Tu peux aussi demander à ton enseignant la permission de fabriquer une capsule temporelle en classe et de l'enterrer sur le terrain de l'école.

Mise en garde : AVANT de creuser un trou en plein milieu de la cour, demande toujours la permission à tes parents.

UN « X » INDIQUE L'ENDROIT

Une fois que tu as caché ta capsule temporelle, fabrique une carte qui indiquera aux futurs chercheurs de capsules temporelles (ou à la quinquagénaire que tu seras devenue) l'endroit exact où elle se trouve.

- Fais un croquis de ta maison ou de ta cour, comme si tu la voyais du haut des airs.
- Rédige une « légende » sur le côté de la carte pour y indiquer les repères visuels qui devraient toujours être présents dans plusieurs années, comme un gros arbre ou un bassin par exemple. Si la boîte est cachée dans la maison, indique où se trouvent les fenêtres et les portes de la pièce. Trace un gros « X » à l'endroit exact où ta capsule temporelle est cachée.
- Au cas où les points de repère indiqués sur ta carte disparaîtraient, dessine une boussole dans un coin de ta carte pour indiquer où se trouve le nord.
- Mets ta carte en lieu sûr, loin des regards indiscrets. Par exemple, si tu as enterré ta capsule dans la cour, cache la carte au grenier, coince-la derrière ton lit ou glisse-la dans le placard sous l'escalier.

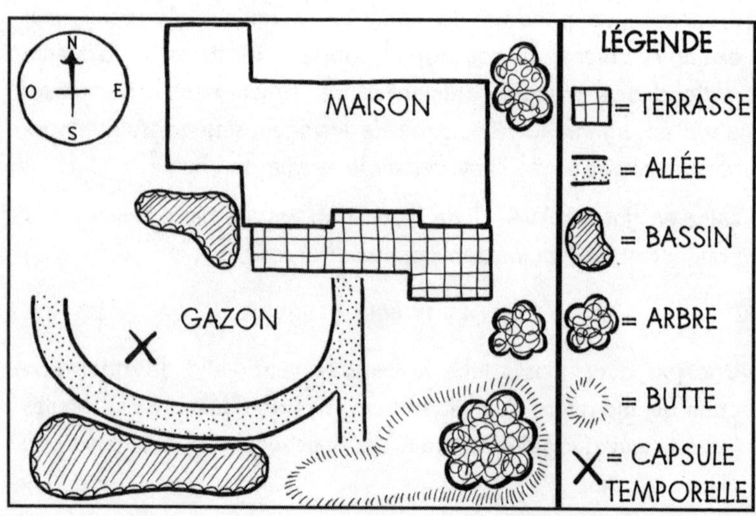

COMMENT AVOIR LE DERNIER MOT

Le secret pour l'emporter lors d'une discussion, c'est de rester calme et de suivre les conseils ci-dessous.

Maîtrise ton sujet

Bombarder tes adversaires de faits scientifiques est une manière sûre de les désarçonner. Si, par exemple, tu veux manger du chocolat au déjeuner, explique que des chercheurs ont prouvé que le chocolat stimulait la production de sérotonine (une substance qui aide les gens à se sentir heureux). Un bon lundi matin, convaincs ta mère que ton idée est pleine de bon sens!

Refais le plein d'informations

Si tu as l'impression que tu commences à battre de l'aile au cours de la discussion, prétexte un urgent besoin d'aller aux toilettes. Profite de ce moment pour vérifier tes arguments sur Internet ou pour téléphoner à une amie afin qu'elle te fournisse des idées supplémentaires pour faire valoir ton point de vue.

Fais feu de tout bois

Réponds systématiquement à chaque argument qu'on te sert, même si ce n'est que par: « Oui, je comprends, mais j'ai bien peur d'être tout à fait en désaccord avec toi. » Ton interlocutrice sera bientôt tellement lasse qu'elle se résignera à te laisser parler.

Quand tout le reste a échoué

Commence à parler calmement, en murmurant presque, puis souris d'une manière déroutante. Ton adversaire sera tellement décontenancée qu'elle se rangera vite à ton avis, peu importe ce que tu dis.

COMMENT PROFITER D'UNE NUIT DE SOMMEIL PARFAITE

Suis ces conseils et découvre les secrets d'une nuit de sommeil parfaite, remplie de doux rêves.

SECRETS POUR DORMIR

• Si tu as passé plusieurs heures assise durant la journée, fais un peu d'exercice, environ une heure avant d'aller au lit. Par exemple, demande à ta mère ou à ton père de t'accompagner pour une promenade dans le quartier ou fais quelques sauts avec les bras et les jambes écartés dans ta chambre.

• Évite de manger peu de temps avant de te coucher, car la digestion maintiendrait ton corps en éveil. Si tu as faim, mange une banane. Elle contient du potassium : une substance chimique qui favorise le sommeil.

• Ensuite, prends une douche ou un bain tiède. Ne règle pas l'eau trop chaude, car cela risquerait d'avoir pour effet de te réveiller. Quelques gouttes d'huile essentielle de lavande ou de bois de santal dans l'eau t'aideront à te détendre.

• Une fois couchée, tente de faire le vide dans ta tête. Si tu as peur d'oublier une chose à laquelle tu dois penser le lendemain, note-la sur un papier avant de te mettre au lit.

• Pour te détendre, bois une tasse de tisane à la camomille ou de lait chaud avant d'éteindre la lumière.

• La température dans ta chambre devrait être plutôt fraîche, mais tes couvertures, douces et douillettes. Au besoin, pose un masque sur tes yeux afin de bloquer toute lumière. Tu es maintenant prête à glisser dans un sommeil doux et réparateur.

COMMENT JOUER AU JEU DE LA PISTE SECRÈTE

Le jeu de la piste secrète est une excellente façon de passer un après-midi dehors avec tes amies. Le jeu consiste à créer une piste que tes amies devront suivre. Prévois un prix pour récompenser la joueuse la plus habile.

• Choisis un point de repère bien connu comme lieu de départ de ta piste (la barrière du parc ou la fontaine par exemple). Indique à tes amies la direction à prendre en faisant un petit tas de branches, de cailloux ou de feuilles au milieu du sentier qu'elles ne doivent pas emprunter. Laisse le bon sentier libre.

• Si le sentier qu'elles empruntent se divise en deux plus loin, dépose une grosse pierre avec une plus petite par-dessus à l'endroit où le sentier se sépare. Puis, pose une pierre plus petite à droite ou à gauche de la grosse pour leur indiquer si elles doivent aller à gauche ou à droite.

• Tous les vingt pas, dessine une flèche par terre avec des branches ou des cailloux pour confirmer à tes amies qu'elles suivent la bonne direction. Tu peux aussi marquer à la craie un arbre qui borde le sentier.

• À la fin de la piste, indique l'endroit où le prix est caché en formant un gros « X » avec des branches ou des cailloux.

COMMENT COMPRENDRE SES ÉMOTIONS

Apprendre à comprendre ses émotions est une étape importante quand on grandit. Plus tu comprendras pourquoi tu te sens comme ceci ou comme cela et plus tu seras bien dans ta peau. Reconnais-tu quelques-unes des émotions déroutantes décrites ci-dessous ? Découvre pourquoi tu te sens ainsi et comment réagir en pareille situation.

1er scénario : La semaine dernière, j'ai passé tout mon temps avec ma meilleure amie, mais cette semaine, c'est à peine si elle me parle. En plus, elle est toujours avec une autre fille. Je suis tellement fâchée contre elle !

Pourquoi est-ce que je me sens ainsi ? Si une amie commence à t'ignorer et qu'elle passe tout son temps avec quelqu'un d'autre, c'est normal que cela te fasse sentir jalouse et que cela te blesse. C'est aussi naturel de ressentir de la colère à l'idée d'être abandonnée.

Comment réagir ? Parle à ton amie de son comportement. Demande-lui si quelque chose ne va pas que tu ignores. Si elle ne se montre toujours pas plus compatissante et qu'elle ne s'intéresse pas à ce que tu ressens, c'est qu'elle n'est pas une bonne amie pour toi.

2e scénario : J'aimerais tellement ressembler à ces filles populaires de l'école. Même quand je porte le même genre de vêtements qu'elles, je ne parais pas aussi à la mode qu'elles. J'aimerais simplement me sentir acceptée.

Pourquoi est-ce que je me sens ainsi ? C'est très fréquent de penser que, si on ressemble aux autres et qu'on se comporte comme elles, on va devenir populaire et voir tous nos problèmes disparaître..., mais c'est faux !

Comment réagir? Accepte tes différences. Explore différents styles vestimentaires et ose te démarquer des autres. Tu peux même porter un tee-shirt qui clame: «Fière d'être moi-même!» Si s'intégrer signifie se conformer à un style défini par d'autres, alors cela n'a rien de sensationnel. Être toi-même est bien plus intéressant.

3e scénario: Je suis vraiment une bonne actrice et j'aime être le centre d'intérêt. Toutefois, j'ai remarqué dernièrement que mes amies de la troupe de théâtre ne veulent plus être en équipe avec moi ou être mes partenaires de jeu. Que se passe-t-il?

Pourquoi est-ce que je me sens ainsi? Si tu cherches constamment à être la vedette, c'est possible que les autres finissent par trouver cela agaçant et frustrant, au point de ne plus vouloir travailler avec toi.

Comment réagir? C'est merveilleux d'être bonne dans un domaine et d'avoir un intérêt ou un talent particulier, mais assure-toi que les autres personnes de ton groupe ont la chance de prendre leur place elles aussi. Tout le monde mérite son heure de gloire, même celles qui ne sont pas aussi expansives que toi.

COMMENT FAIRE DES GÂTEAUX OÙ APPARAISSENT DES MESSAGES CODÉS

Confectionner des gâteaux pour tes amies est une façon spéciale de leur exprimer combien tu les apprécies. Glace tes gâteaux de trois couleurs différentes, choisies parmi la liste des pages 26 et 27, afin qu'ils aient une signification secrète. Cette recette donne neuf petits gâteaux : parfait pour une fête ou une soirée-pyjama.

Il te faut :

• un moule à gâteau rectangulaire; • du papier sulfurisé • deux bols à mélanger, un grand et un moyen • une cuillère de bois • une spatule • une grille • une planche à découper • trois petits bols.

Pour le gâteau : • 250 g (8 oz) de beurre • 250 g (8 oz) de sucre • 250 g (8 oz) de farine à levure incorporée • 4 œufs.

Glaçage coloré : • 100 g (3 ½ oz) de beurre • 200 g (7 oz) de sucre en poudre • 4 cuillerées à thé (20 ml) de lait • trois couleurs différentes de colorant alimentaire.

CONFECTION DU GÂTEAU

1. Chauffer le four à 180 °C (350 °F) ou au niveau 4 pour les cuisinières au gaz.

2. Tapisser le fond d'un moule de papier sulfurisé.

3. Faire ramollir le beurre dans un grand chaudron ou au four à micro-ondes.

4. Mettre tous les ingrédients du gâteau dans le grand bol à mélanger. Bien mélanger avec la cuillère en bois.

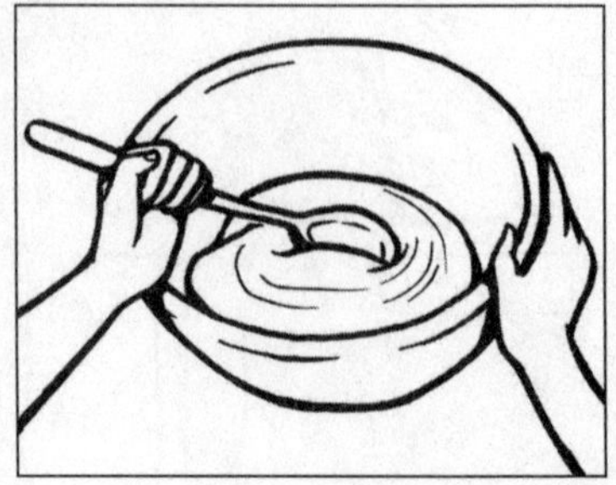

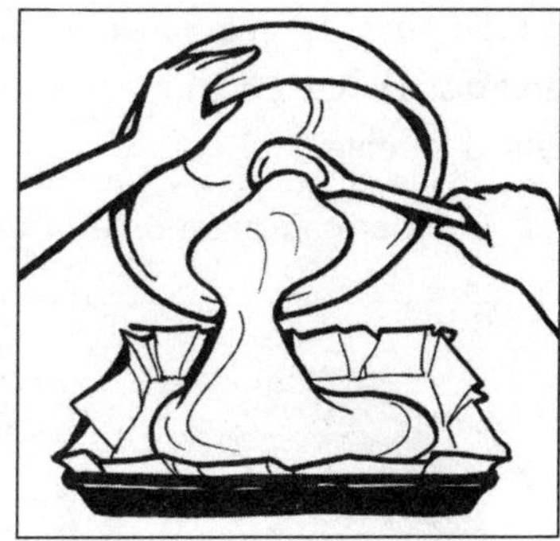

5. Verser le mélange dans le moule et égaliser le dessus avec le dos de la cuillère.

6. Mettre le gâteau au four pendant 30 minutes ou jusqu'à ce qu'il soit brun doré et qu'il ait levé.

Mise en garde : Porte toujours des mitaines isolantes et demande à un adulte de t'aider lorsque tu utilises le four.

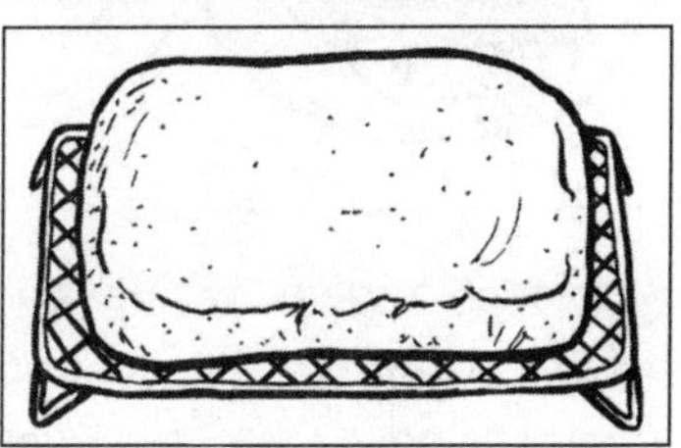

7. Sortir le gâteau du four et laisser refroidir.

8. À l'aide de la spatule, décoller les coins du gâteau du moule et retourner le gâteau pour le déposer sur la grille. Le laisser refroidir complètement. Quand il a refroidi, retirer le papier sulfurisé.

GLAÇAGE COLORÉ

9. Pour faire le glaçage, mélanger vigoureusement ensemble le beurre, le sucre en poudre et le lait dans le bol moyen jusqu'à ce que le mélange forme une pâte molle. Si nécessaire, ajouter quelques gouttes d'eau à la préparation pour la rendre plus facile à étaler.

10. Diviser le mélange en trois et le répartir dans les petits bols. Ajouter quelques gouttes de colorant alimentaire dans chaque bol.

11. Déposer le gâteau sur la planche à découper et le couper en trois. Glacer chacun des morceaux avec un glaçage de couleur différente.

12. Couper chaque morceau en trois parts.

À présent, tu peux décider quel gâteau offrir à chacune de tes amies : la couleur que tu choisiras lui permettra de savoir ce que tu ressens pour elle. Voici quelques suggestions.

Un glaçage bleu signifie : « Tu me fais sentir calme et détendue. Je sais que je peux être moi-même avec toi. »

Un glaçage rouge signifie : « Tu es ma meilleure amie et je peux tout te dire. »

Un glaçage jaune signifie : « Tu as le don de me faire rire aux éclats! Quand je suis avec toi, je suis toujours joyeuse. »

COMMENT SURVIVRE AUX ASSAUTS D'UN PETIT TYRAN À L'ÉCOLE

Quiconque te rabaisse, fait des blagues à tes dépens, te lance des insultes ou fait courir des rumeurs à ton sujet se comporte en tyran. Dès que tu te rends compte qu'une personne s'acharne sur toi, tu dois réagir.

N'ENTRE PAS DANS SON JEU

Si quelqu'un abuse de toi, tu peux être tentée de chercher à lui rendre la monnaie de sa pièce et de l'humilier en public. Toutefois, cela ne ferait qu'empirer le problème. Éloigne-toi de quelqu'un dont le comportement est agressif ou menaçant. Va dans un lieu où il y a beaucoup de gens et où tu es en sécurité. N'aie jamais recours à la violence physique.

AGIS IMMÉDIATEMENT

Un tyran, c'est un lâche qui ne s'attaque qu'à quelqu'un qu'il croit incapable de s'opposer à lui. Prouve-lui qu'il a tort en agissant sur-le-champ. Note sur un papier les paroles et les gestes posés contre toi afin d'avoir un rapport précis des agissements du tyran. Puis, raconte à un adulte ce qui est arrivé exactement. Demande-lui conseil pour savoir comment agir dans la situation spécifique où tu te trouves. Il n'y a aucune honte à aller chercher de l'aide auprès d'un adulte. C'est une brave décision à prendre.

SOIS BRAVE

La meilleure chose à faire est d'ignorer la personne qui te tourmente et de te concentrer sur ta propre vie. Si un tyran prend conscience qu'il n'est plus capable de te faire de la peine, il se lassera rapidement et te laissera tranquille.

COMMENT RÉUSSIR DES TOURS DE MAGIE SECRETS

Voici deux tours de magie que tu peux exécuter devant tes amies et ta famille. Il est essentiel que tu ne révèles jamais leur secret.

SANS LES MAINS

Dépose un glaçon dans un verre d'eau. Mets ton amie au défi de sortir le glaçon du verre sans le toucher. Pour l'aider à y parvenir, donne-lui un bout de ficelle et du sel. Elle ne réussira jamais.

Démontre-lui maintenant que c'est possible. Dépose un bout de la ficelle en travers du glaçon, en plein centre. Verse environ une cuillerée à thé de sel par-dessus. Au bout d'une minute, la ficelle va coller au glaçon. Saisis l'autre bout de la ficelle et utilise-le pour soulever le glaçon hors du verre.

L'OCCASION FAIT LE LARRON

Mélange 500 g (1 lb) de farine de maïs avec 100 ml (environ ½ tasse) d'eau dans un grand bol. Laisses-y tomber une pièce d'un dollar au fond du bol. Mets ton amie au défi de retrouver la pièce en moins d'une minute. Si elle réussit, elle pourra garder la pièce.

Elle va fouiller rapidement dans le bol avec sa main, mais elle réalisera bientôt qu'elle est incapable de déplacer sa main assez vite dans le mélange pour trouver la pièce à temps. En effet, les mouvements rapides font figer ce mélange magique.

Quand c'est ton tour, plonge ta main dans le mélange et déplace-la lentement jusqu'à ce que tu trouves la pièce, puis sors-la du bol.

COMMENT DEVINER SI QUELQU'UN MENT

Si tu soupçonnes quelqu'un de te mentir, utilise l'un des moyens suivants pour vérifier ton impression. Expérimente ces tests secrets et découvre si l'on te dit vraiment la vérité.

1er TEST : Change complètement de sujet. Si ton amie semble soulagée, elle te cache probablement quelque chose.

2e TEST : Les menteurs sourient souvent plus que nécessaire pour brouiller les pistes. Ton amie sourit-elle avec sincérité ? Les vrais sourires impliquent aussi les yeux : la peau autour des yeux se plisse et les yeux se ferment légèrement. Un faux sourire n'implique que la bouche.

3e TEST : Si tu soupçonnes ton amie de te mentir, ne l'interroge pas franchement, mais incite-la plutôt à te parler librement. Plus elle parlera, plus elle racontera son histoire et plus la vérité risquera de faire surface.

4e TEST : Les menteurs portent souvent la main à leur visage. Ils touchent leur nez ou se caressent le menton. Quelqu'un qui ment a aussi tendance à entrer en contact visuel plus souvent qu'à l'habitude, comme pour convaincre l'autre de son honnêteté.

5e TEST : Pense à comment ton amie se comporte habituellement. Si elle est plus agitée qu'à la normale ou qu'elle se trouve des excuses pour partir, elle t'a peut-être menti à propos de quelque chose.

Mise en garde : N'accuse jamais personne de mentir si tu n'es pas absolument certaine que c'est bien le cas : tu ne ferais que blesser ton amie et tu perdrais sa confiance.

COMMENT SE SORTIR D'UN MOMENT EMBARRASSANT

Quand un événement embarrassant se produit, une fille devrait toujours avoir une stratégie secrète pour s'assurer de garder son calme.

Que faire si... une autre fille porte la même robe que toi? Souris et tourne la situation à la blague. Dirige-toi vers l'autre fille et dis-lui : « Hé! Il semble que nous soyons deux à cette fête à avoir bon goût! »

Que faire si... ta jupe est coincée dans l'élastique de ta petite culotte? Ne panique pas: probablement que personne ne l'a remarqué. Si oui, contente-toi de sourire, hausse les épaules et change de sujet. Si les gens s'aperçoivent que la situation ne t'embarrasse pas, ils ne trouveront pas amusant de te taquiner.

Que faire si... tu dis une bêtise? Tâche de te faire pardonner ton commentaire en blâmant ta propre ignorance. Par exemple, si tu as dit « je déteste vraiment les chats » et que quelqu'un réplique « j'ai des chats, moi », réponds simplement: « Désolée, je ne connais rien aux chats. Je suis sûre que, si je rencontrais les tiens, je les adorerais! » La personne sera frappée par ton intérêt et oubliera ta bévue.

COMMENT METTRE LES GENS À L'AISE EN NOTRE PRÉSENCE

Si les gens se sentent détendus lorsqu'ils sont près de toi, ils apprécieront ta compagnie et la rechercheront. Voici les secrets pour que chacun se sente instantanément à l'aise avec toi.

Sois sensible

Si une amie semble triste et parle peu, elle n'a probablement pas envie de plaisanter et de faire des bêtises. Demande-lui si elle aimerait te parler de ce qui la tracasse. Si elle refuse, propose-lui plutôt de regarder un film comique avec elle : cela devrait l'aider à se détendre.

Utilise le langage corporel

Utilise les formes « amicales » du langage corporel pour rendre les autres à l'aise. Par exemple, en montrant tes paumes ouvertes à l'autre, tu lui dis que tu es honnête. En imitant les gestes de ses mains, tu lui rappelles que tu l'apprécies. Si tu veux connaître d'autres façons d'utiliser le langage corporel pour transmettre des signaux secrets, consulte les pages 66 et 67.

Touche les gens

À l'occasion, toucher quelqu'un légèrement sur le bras, l'épaule ou la main pendant que tu lui parles va l'aider à se sentir à l'aise avec toi.

Appelle les gens par leur nom

Les gens perçoivent l'intérêt que tu leur portes si tu prends la peine de prononcer leur nom à la fin d'une phrase. Cela montre que tu leur parles d'une manière très directe et très personnelle. Fais attention de ne pas répéter le nom des gens à outrance cependant : cela sonnerait plutôt bizarre !

COMMENT FABRIQUER UNE POCHETTE SECRÈTE

Une pochette secrète, c'est parfait pour cacher toutes sortes de choses, que ce soit des messages secrets, la clé de tes codes ou encore l'argent pour ton repas à l'école. Fabrique-toi une pochette secrète en suivant les instructions ci-dessous et tu pourras garder un petit objet secret sur toi en tout temps.

Il te faut :

• une paire de chaussettes • une vieille chaussette percée, de la même couleur que la paire de chaussettes intacte • du fil de la même couleur que tes chaussettes • une aiguille • des épingles • des ciseaux de couturière • une règle.

1. Prends une des chaussettes en bon état et étends-la bien à plat par terre. Mesure la largeur du haut de la chaussette.

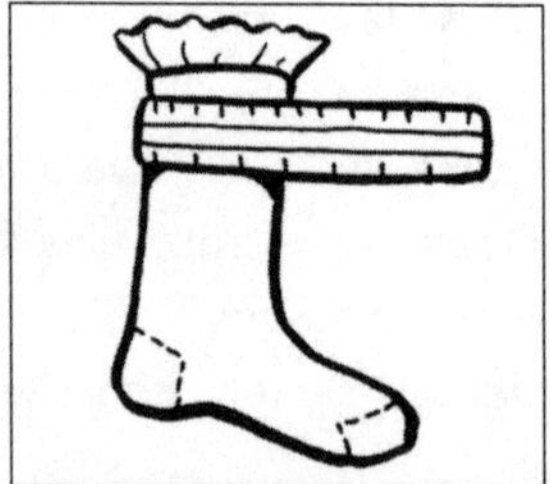

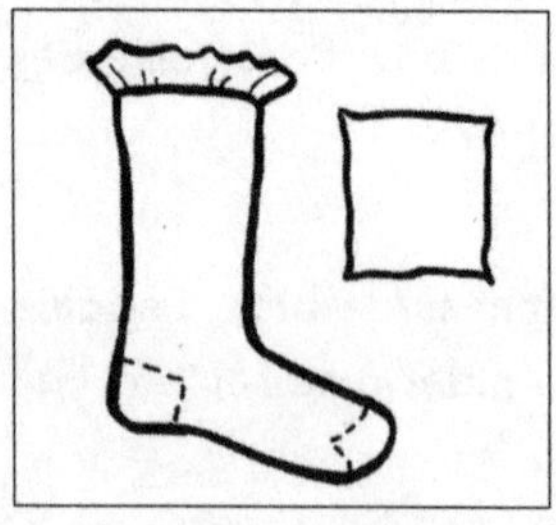

2. Dans la vieille chaussette, découpe un morceau de la même largeur que l'une de tes chaussettes intactes sur environ 5 cm (2 po) de haut.

3. Retourne la chaussette intacte à l'envers et étends-la à nouveau bien à plat sur le sol.

4. Épingle le morceau de tissu provenant de la vieille chaussette sur la bonne chaussette en t'assurant que les épingles ne transpercent pas les deux épaisseurs de la chaussette.

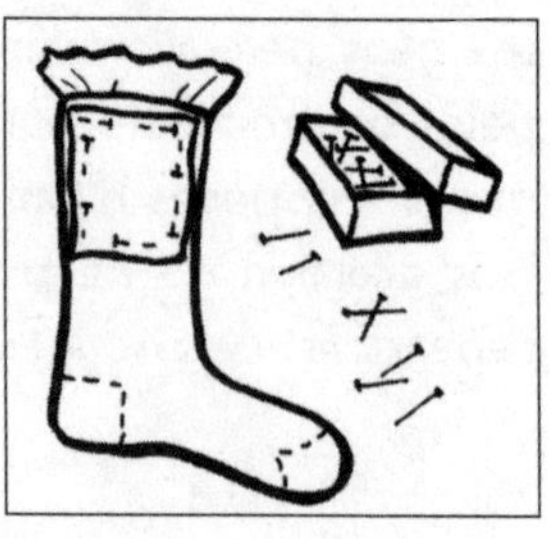

5. À l'aide de l'aiguille et du fil, couds le morceau de tissu sur trois côtés. Ne couds pas le haut, car c'est l'ouverture de ta pochette.

Quand tu couds, veille à ne pas faire passer ton aiguille complètement de l'autre côté de la chaussette, cousant ainsi ses deux épaisseurs ensemble par mégarde.

Conseil : Quand tu couds, assure-toi de faire de petits points, près les uns des autres. Ainsi, rien ne pourra tomber de ta pochette pendant que tu marches.

6. Quand tu as fini de coudre le tissu à la chaussette, fais un double nœud à ta couture afin qu'elle ne se découse pas lorsque tu portes la chaussette.

7. Retourne la chaussette à l'endroit et revêts-la. Tu peux maintenant y glisser ton petit objet secret.

COMMENT JOUER À LA BOUTEILLE AUX SECRETS

Le jeu de la bouteille aux secrets est une façon extraordinaire d'apprendre à connaître tes amies et de percer leurs secrets les mieux gardés. Toutefois, prépare-toi à devoir tout révéler toi aussi...

Il te faut :

• trois joueuses ou plus • une bouteille en verre, vide et propre • un stylo et quelques bouts de papier pour chaque joueuse

RÈGLES DU JEU

1. Assoyez-vous en cercle par terre et déposez la bouteille au centre, couchée sur le côté.

2. L'une de vous fait tourner la bouteille.

3. Quand la bouteille cesse de tourner, la personne pointée par son goulot est désignée pour être la « pécheresse ». Elle doit « confesser » trois secrets, dont un seul est véridique. Elle rédige le vrai secret sur un papier, mais le garde hors de la vue des autres joueuses.

Par exemple, elle peut écrire :

« Une fois, j'ai oublié de mettre mes souliers et je suis allée à l'école en pantoufles. »

« Mes parents m'avaient prénommée Gertrude, mais j'ai changé de nom avant d'entrer à l'école. »

« J'ai déjà donné de la crème glacée à mon chien et cela l'a rendu malade. »

4. C'est maintenant au tour du groupe de questionner la pécheresse pour deviner lequel de ses secrets est véridique. Les joueuses peuvent débattre de leurs soupçons ensemble, mais elles doivent s'entendre sur un seul secret. Si le groupe se trompe, la pécheresse n'a pas besoin de révéler lequel de ses secrets était véridique. Cependant, si le groupe devine correctement, la pécheresse doit donner le papier où est inscrit le véritable secret pour prouver que le choix du groupe est juste. Le groupe demande ensuite à la pécheresse de choisir entre révéler un autre secret véridique ou faire un gage. Voici quelques bonnes idées de gages que vous pouvez lui demander d'exécuter :

- revêtir tous ses vêtements sens devant derrière et faire le tour du pâté de maisons pendant cinq minutes.
- se faire une coiffure ridicule et la porter toute la soirée.
- ne pas dire un mot pendant les dix prochaines minutes.

5. Quand la pécheresse a révélé un nouveau secret ou exécuté un gage, elle fait tourner la bouteille pour désigner une nouvelle pécheresse.

COMMENT RÉALISER DES TOURS DE VOYANCE

PERSONNAGES CÉLÈBRES

Réunis tes amies. Demande à chacune d'elles de penser à un personnage célèbre. Demande ensuite à une fille de nommer celui qu'elle a choisi. Disons, par exemple, qu'elle a choisi « David Beckham ». Écris ce nom sur un bout de papier et mets-le dans un chapeau.

Demande ensuite aux autres filles de nommer à tour de rôle leur personnage célèbre. Fais semblant d'écrire chaque nom sur un bout de papier et mets-les tous dans le chapeau. Toutefois, au lieu d'écrire les noms des différents personnages, écris chaque fois le nom du premier personnage; dans ce cas-ci, tu écrirais « David Beckham ».

Demande ensuite à l'une de tes amies de piger un papier dans le chapeau. Dis-lui de ne pas te révéler le nom qui s'y trouve.

Prends ta tête entre tes mains et fais comme si tu te concentrais profondément. Annonce à tes amies que tu peux deviner quel nom se trouve sur le papier que ton amie a pigé. Écris le nom « David Beckham » sur un gros carton et montre-le à tout le groupe afin que chacune le voie. Demande ensuite à ton amie de montrer au groupe le nom qui se trouve sur le bout de papier qu'elle a pigé dans le chapeau. Observe la stupéfaction sur le visage de tes amies quand elles découvriront que tu as bien deviné.

Ne refais pas le tour et assure-toi de détruire tous les bouts de papier après ton numéro afin de garder ta ruse bien secrète.

L'OBJET MYSTÈRE

Pour exécuter le prochain tour, tu auras besoin d'une complice qui connaît ton tour. Réunis une nouvelle fois tes amies dans ta chambre. Annonce-leur que tu vas sortir de la chambre pendant qu'elles choisissent un objet dans la pièce. Ensuite, tu vas revenir et deviner quel objet elles ont choisi.

Sors de la pièce un moment et retournes-y lorsqu'on t'appelle. Ta complice doit ensuite désigner différents objets dans la chambre et te demander s'il s'agit de l'objet mystère. Tu vas éblouir tes amies en devinant celui qu'elles ont choisi.

L'astuce pour ce tour est simple. Juste avant de désigner l'objet mystère, ta complice doit désigner un objet qui a des PATTES, par exemple une chaise, une table ou une personne. Tu sauras alors que l'objet suivant est l'objet choisi par tes amies.

COMMENT PRÉPARER UNE FÊTE-SURPRISE

Préparer une fête-surprise pour une amie est très gratifiant, ne serait-ce que pour voir l'expression sur son visage lorsqu'elle prendra conscience de ce qui se passe. Voici comment planifier la fête parfaite et t'assurer que ta surprise se déroule sans problème.

COMPTE À REBOURS

Quatre semaines avant la date

Choisis un thème pour la fête, comme « sous la mer » ou « safari secret ».

Une autre idée consiste à demander à chacune de se déguiser en un personnage dont le nom commence par la première lettre du prénom de votre amie. Par exemple, si elle s'appelle Pascale, ce sera une fête en « P » et vous pourrez vous déguiser en pirate, en princesse, en policière, en pingouin et en peintre.

Envoie tes invitations sans oublier d'écrire en grosses lettres qu'il s'agit d'une SURPRISE!

Mets les parents de ton amie dans le secret en leur demandant d'annoncer à leur fille qu'ils sortent avec elle le soir de son anniversaire. Elle ne se doutera de rien.

Deux semaines avant la date
Planifie la musique. Dresse une liste des chansons que tu choisis sur ton ordinateur ou ton baladeur MP3. Rassemble des chansons qui vont bien avec le thème de la fête. Par exemple, une fête sur le thème des années 90 doit inclure plusieurs chansons à succès d'un goût douteux datant de ces années.

Rassemble plusieurs photos de ton amie : ses parents seront sûrement en mesure de t'aider pour cette tâche. Fais-les imprimer en grand format ou agrandis-les au photocopieur.

La veille de la date
Planifie la nourriture de la fête en tenant compte du thème. Par exemple, si le thème est « la couleur jaune », tu peux mettre au menu des croustilles, du maïs en épi, des rondelles d'ananas, du gâteau au citron, de la limonade et du lait fouetté à la banane.

Le jour J
Décore la pièce où aura lieu la fête. Avec de la gommette, accroche les photos géantes de ton amie aux murs. Si le thème de la fête est « sous la mer », remplace l'ampoule du plafonnier par une ampoule bleue pour donner à la pièce une ambiance sous-marine (demande à un adulte de t'aider). Tends des draps bleus et des draps verts sur les murs et dispose plusieurs coquillages partout sur les tables et les étagères. Tu peux même remplir le bain d'eau et y mettre quelques poissons en plastique.

Une heure avant la fête
Ton amie doit être en train de se préparer pour sa « sortie spéciale » d'anniversaire. Prends des dispositions avec ses parents pour qu'ils la conduisent chez toi à une heure spécifique. Ils n'ont qu'à prétexter qu'ils viennent te chercher pour que tu les accompagnes à la « sortie ». Rassemble toutes les invitées dans la pièce où a lieu la fête et éteins les lumières. Quand ton amie sonnera, va répondre, mais fais semblant d'avoir oublié quelque chose. Fais-la entrer pendant que tu vas chercher l'objet en question. Guide-la jusqu'à la pièce où a lieu la fête, allume les lumières et... un, deux, trois... « surprise » !

COMMENT ADAPTER DES CODES TRADITIONNELS

Autrefois, les hommes et les femmes n'avaient pas le droit de s'adresser la parole ouvertement en public. Les gens de cette époque ont donc développé des codes afin de pouvoir échanger des messages en secret.

Voici une version moderne d'un code traditionnel que tu peux utiliser pour communiquer en secret avec le garçon qui te plaît... et un autre à utiliser avec tes meilleures amies.

LE LANGAGE DES FLEURS

Traditionnellement, on attribuait un sens très spécifique au fait d'offrir certaines fleurs. Consulte la liste ci-dessous (remise au goût du jour) avant d'envoyer un message secret à l'élu de ton cœur.

- Une rose en bouton symbolise l'amour véritable.
- Un bouquet de boutons-d'or cueillis à la main signifie : « Tu sais me redonner le sourire quand je suis triste. »
- Un œillet rose signifie : « Je ne t'oublierai jamais. »
- Du lierre témoigne de ta loyauté envers la personne.
- Une rose jaune signifie que tu es jalouse.
- Des tournesols signifient : « J'espère que tous tes désirs vont se réaliser. »
- Et, comme tout le monde le sait, une branche de gui ornée de baies blanches à Noël signifie : « Donne-moi un baiser! »

LE LANGAGE DE L'ÉVENTAIL

À l'époque victorienne, les femmes n'utilisaient pas leur joli éventail seulement pour se rafraîchir : elles s'en servaient pour transmettre des messages secrets en le tenant de différentes façons.

Adapte ce langage codé au monde d'aujourd'hui en utilisant ton stylo au lieu d'un éventail. Voici quelques gestes que tu peux expérimenter :

- faire tourner ton stylo rapidement devant ton visage signifie : « L'élu de mon cœur vient juste d'entrer dans la classe. »
- caresser ton menton avec ton stylo signifie : « Je ne m'intéresse plus vraiment à lui maintenant. »
- tapoter la paume de ta main avec ton stylo signifie : « Trouve une excuse pour sortir de la pièce. Je dois te parler immédiatement. »
- tapoter ton pupitre avec ton stylo signifie : « Attention : tu es en train de révéler tous tes secrets. Ne parle plus à présent. »

Avec tes amies, inventez d'autres codes et entendez-vous sur leur signification avant de les utiliser.

COMMENT SE COMPORTER AVEC L'ÉLU DE SON CŒUR

Si tu as déjà eu un coup de cœur pour un garçon, tu sais à quel point il peut être difficile de garder son calme quand il est dans les parages. Heureusement, il existe quelques astuces pour te maîtriser, même quand la nervosité te noue l'estomac.

SI CELUI QUI TE PLAÎT…

T'ignore

Ne t'affole pas. Cela ne signifie pas qu'il ne t'aime pas. Il est peut-être simplement timide ou maladroit pour parler aux filles! Peut-être même qu'il s'intéresse à toi, mais qu'il essaie de le cacher en adoptant un air froid et distant. Ne perds pas ton temps à broyer du noir en pensant à cette situation. Plutôt, reste active et amuse-toi avec tes amies : cela lui donnera vite envie de se joindre à vous.

Te taquine

Se moquer de toi est peut-être une façon de camoufler le fait qu'il… s'intéresse à toi. Sinon, pourquoi t'accorderait-il autant d'attention ? Toutefois, s'il se montre cruel seulement par méchanceté, dis-toi qu'il ne vaut pas la peine que tu t'y intéresses. Porte ton attention sur quelqu'un d'autre. Le proverbe le dit : *Un de perdu, dix de retrouvés!*

Parle avec beaucoup de filles

Si l'élu de ton cœur est ami avec plusieurs filles, ne sois pas jalouse. Essaie de prendre la situation avec calme et fais comme si cela t'était égal. Si ton préféré s'intéresse à toi, il essaiera bien d'inventer une excuse pour se retrouver seul avec toi.

Te demande s'il peut te raccompagner après l'école

Ne t'affole pas : c'est bon signe. Tâche de te détendre et agis comme tu le fais avec tes amies. Sois naturelle et discute avec lui comme tu le ferais si tu étais avec ta meilleure amie.

COMMENT FABRIQUER UNE CARTE POUR UN VALENTIN SECRET

Si tu t'intéresses à un garçon en secret, pourquoi ne pas lui faire une carte pour la Saint-Valentin et y inscrire un message destiné à lui seul?

Il te faut:

• un morceau de carton rose; • une règle; • des ciseaux; • un morceau de tissu rouge d'au moins 15 cm sur 11 cm (6 po sur 4½ po); • de la colle blanche; et • un stylo ou un crayon.

1. Plie le carton en deux. Découpe le long du pli afin de créer deux cartons plus petits.

2. Prends l'un des cartons et plie-le en deux à son tour. Coupe ce morceau en deux.

3. Étends de la colle sur un des plus petits cartons.

4. Dépose délicatement le tissu rouge sur le petit carton recouvert de colle et lisse-le doucement.

5. Retourne le tout et dessine un gros cœur sur le carton, comme sur l'illustration.

6. Lorsque la colle a séché, découpe le carton le long du contour de ton dessin, de façon à obtenir un cœur en carton recouvert de tissu.

7. Prends le morceau de carton le plus grand et plie-le en deux (sers-toi d'une règle pour faire un beau pli bien net). C'est la base de ta carte.

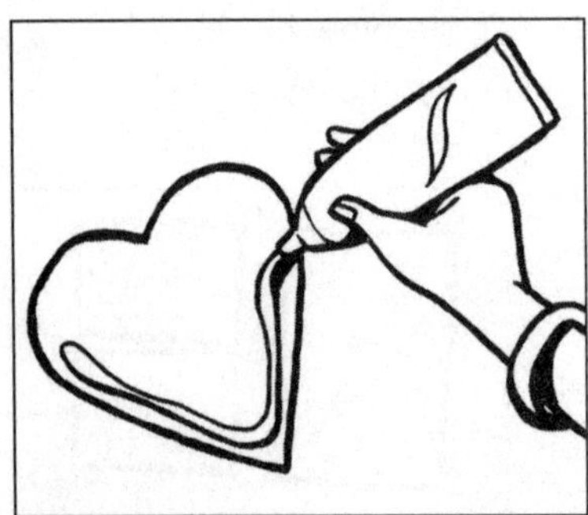

8. Retourne ton cœur rouge de sorte que la face qui apparaîtra sur ta carte soit contre la table. Applique de la colle sur la pointe du cœur et le contour des côtés, mais assure-toi de ne pas enduire de colle les deux courbes qui forment le haut du cœur.

9. Retourne le cœur et colle-le sur la couverture de ta carte. Laisse la carte sécher complètement.

10. Quand la colle est sèche, insère un indice qui t'identifie dans la pochette en forme de coeur. Tu peux y mettre une photo de toi ou un message secret. Ton indice révélera plus ou moins ton identité, cela dépendra de la facilité avec laquelle tu veux que ton valentin devine qui est sa mystérieuse valentine…

COMMENT RÉUSSIR À L'ÉCOLE

Les filles futées connaissent les secrets pour bien réussir à l'école. Suis, toi aussi, ces règles simples et prépare-toi à faire partie des premières de ta classe dès le mois prochain.

OUI ! Avale des aliments qui vont stimuler ton cerveau, comme du poisson, des œufs, de la salade, du yogourt et des haricots. Le matin, mange du gruau ou des céréales afin de fournir à ton cerveau l'énergie nécessaire pour fonctionner efficacement.

NON ! Ne fais pas tes devoirs devant la télévision. Essaie de trouver un endroit tranquille où tu peux te concentrer. Fais toujours tes devoirs dès que tu rentres de l'école, car ce que tu as appris durant la journée est encore frais à ta mémoire.

OUI ! Fais des recherches. Si un sujet particulier t'intéresse, approfondis-le en faisant quelques recherches à temps perdu. Par exemple, si tu t'intéresses à l'espace, rends-toi à la bibliothèque et cherches-y des livres qui traitent d'astronomie. Tu peux aussi découper des articles dans le journal qui te renseignent au sujet des planètes.

NON ! Ne prépare pas ton sac le matin : tu risques d'oublier quelque chose dont tu auras besoin. Fais-le plutôt la veille. Rassemble tout ce dont tu auras besoin pour le lendemain. Devenir une fille organisée va t'aider à commencer ta journée du bon pied… et signifie que tu auras plus de temps pour te rendre à l'école. Tu seras calme et prête à apprendre.

OUI ! Demande à tes amies et à ta famille de tester tes connaissances sur ce que tu as étudié. Cela te permet de mémoriser les informations plus facilement et de mettre en lumière les petits bouts que tu n'as pas bien compris.

AUTRES TITRES DE LA COLLECTION: